大家小书

习坎庸言校正

罗庸 著 杜志勇 校注

北京出版集团公司
北京出版社

图书在版编目（CIP）数据

习坎庸言校正 / 罗庸著．杜志勇校注．— 北京 ：北京出版社，2016. 9
（大家小书）
ISBN 978-7-200-12170-4

Ⅰ．①习… Ⅱ．①朱… ②杜… Ⅲ．①国学—文集②《习坎庸言》—校正 Ⅳ．①Z126. 27

中国版本图书馆CIP数据核字（2016）第112524号

总策划：安 东 高立志　　责任编辑：高立志 乔天一

· 大家小书 ·
习坎庸言校正
XIKANYONGYAN JIAOZHENG
罗庸 著 杜志勇 校注
*
北京出版集团公司
北京出版社　出版
（北京北三环中路6号 邮政编码：100120）
网 址：www.bph.com.cn
北京出版集团公司总发行
新华书店经销
北京华联印刷有限公司印刷
*
880毫米×1230毫米 32开本 6.125印张 85千字
2016年9月第1版 2018年5月第2次印刷
ISBN 978-7-200-12170-4
定价：36 00元
质量监督电话：010-58572393

序　　言

袁行霈

“大家小书”，是一个很俏皮的名称。此所谓“大家”，包括两方面的含义：一、书的作者是大家；二、书是写给大家看的，是大家的读物。所谓“小书”者，只是就其篇幅而言，篇幅显得小一些罢了。若论学术性则不但不轻，有些倒是相当重。其实，篇幅大小也是相对的，一部书十万字，在今天的印刷条件下，似乎算小书，若在老子、孔子的时代，又何尝就小呢？

编辑这套丛书，有一个用意就是节省读者的时间，让读者在较短的时间内获得较多的知识。在信息爆炸的时代，人们要学的东西太多了。补习，遂成为经常的需要。如果不善于补习，东抓一把，西抓一把，今天补这，明天补那，效果未必很好。如果把读书当成吃补药，还会失去读书时应有的那份从容和快乐。这套丛书每本的篇幅都小，读者即使细细地阅读慢慢地体味，也花不了多少时间，可以充分享受读书的乐趣。如果把它们当成补药来吃也行，剂量小，吃起来方便，消化起来也容易。

我们还有一个用意，就是想做一点文化积累的工作。把那些经过时间考验的、读者认同的著作，搜集到一起印刷出版，使之不至于泯没。有些书曾经畅销一时，但现在已经不容易得到；有些书当时或许没有引起很多人注意，但时间证明它们价值不菲。这两类书都需要挖掘出来，让它们重现光芒。科技类的图书偏重实用，一过时就不会有太多读者了，除了研究科技史的人还要用到之外。人文科学则不然，有许多书是常读常新的。然而，这套丛书也不都是旧书的重版，我们也想请一些著名的学者新写一些学术性和普及性兼备的小书，以满足读者日益增长的需求。

“大家小书”的开本不大，读者可以揣进衣兜里，随时随地掏出来读上几页。在路边等人的时候，在排队买戏票的时候，在车上、在公园里，都可以读。这样的读者多了，会为社会增添一些文化的色彩和学习的气氛，岂不是一件好事吗？

“大家小书”出版在即，出版社同志命我撰序说明原委。既然这套丛书标示书之小，序言当然也应以短小为宜。该说的都说了，就此搁笔吧。

传说中的《习坎庸言》

杜志勇

七十四年前的暮春时节，罗庸先生携李觐高、马雍、张盛祥、李广田、董庶、王志毅、周定一和阴法鲁八人于昆明小东门外盘龙江堤畔等地，每周一次讲授中国学术。这种沙龙式的学术交流，虽聚无定所（多在罗庸先生家中），却暗合了《论语·先进》所描绘的图景："暮春者，春服既成，冠者五六人，童子六七人，浴乎沂，风乎舞雩，咏而归。"无拘无束的学术畅游，授者乐教，听者乐学，志同道合，沐浴春风，徜徉于学术世界，何等的心旷神怡、令人向往！这段远去的历史，化成了一段美丽的传说。

讲授的内容，罗庸先生命西南联大中文系助教李觐高进行全程记录，待讲习全部完成后，先生进行全面批校、改定[①]，

① 罗庸先生发表的学术成果，多数是讲稿，先由学生记录，然后自己修订。

亲自题写书名，并要求参加者全部签名。这就是《习坎庸言》的初稿本（本书将其称为“校定本”），先生在此基础上又用小楷整齐抄录成“清稿”自存。“后来李先生（觐高）辗转把它带到台湾，而‘清稿’则现存华中理工大学语言研究所。”[①]就已知的文献来看，自罗庸先生讲习结束[②]后，《习坎庸言》只有这两个本子存世，并未公开出版。后来先生弟子们在回忆录中每每提及此书[③]，也仅仅是回忆，求之不得的结果，更增添了人们对此书的期待与向往，《习坎庸言》成了可望而不可即的传说。

1987年李觐高先生病重，在其弥留之际，希望将此书公诸于世，以嗣绝学。其子李安国先生自行整理，于1998年由打字公司装订成册，并未交由出版社正式出版，只以“非卖品”形

---

① 周定一《罗庸先生和他的两本书》（收入《我心中的西南联大：西南联大建校70周年纪念文集》，清华大学出版社2008年版）。罗庸先生手录清稿，周定一先生认为存于华中理工大学语言研究所，当有所据。但这个单位2000年就已并入华中科技大学，笔者多方查找，至今尚未发现清稿下落。

② 罗庸先生此次讲习自1942年4月12日开始，至8月6日结束。

③ 详见吴晓玲《罗膺中师逝世35周年祭》（收入《笳吹弦诵情弥切——国立西南联合大学五十周年纪念文集》，中国文史出版社1988年版）、刘又辛《怀念罗庸先生》（收入《治学纪事》，巴蜀书社2002年版）、周定一《罗庸先生和他的两本书》等。

式私下流传。这是罗庸先生《习坎庸言》最早整理印刷的本子，我们称之为“整理本”。整理本的出现，光大学术、兴废继绝之功不可没。此本由于没有进入市面流通，得之不易。另外，正如整理者李安国先生所言：“余习农，疏于国学。”遂致书中断句不当、文字舛误之处屡出。近期，坊间又有粗劣扫描此本者行世，错上加错，不可卒读。罗庸先生学术非但得不到光大，恐有贻误后学之害。因为笔者曾经辑校过罗先生的《中国文学史导论》，北京出版社遂委托我为《习坎庸言》整理一个精善的本子。这需要查阅罗庸先生校定本全部原件，所以笔者便联系远在台北的李安国先生。孰料李先生亦已过世，其妹李美珊女士言需商量一下，此后便无从联系，没有下文。无法查阅原件，我们只能从整理本入手，在两个层面进行：首先，整理本于每一专题之前，附有一张罗庸先生校定本照片，照片上有的内容，逐一与整理本正文对勘，不合之处甚夥，皆以校定本为准，并在文下出注。其次，不管有无校定本图片，我们都逐一核对相关文献，确有问题者，亦出以校注说明（整理本断句、标点有问题者，核对文献后径改，不出校注）。我们所校正的这个本子，是在文献不足的情况下做了尽量还原和校正的工作。

罗庸先生学问博大，“修养属于儒家正宗，其中还融有释老之学。如果生当唐世，近乎所谓‘三教论衡’。”[①]后学愚钝，不敢妄下雌黄，仅就《习坎庸言》的结构简单谈一下。

《习坎庸言》全书除《缘起》和《规约》外，正文分为十六个专题，罗庸先生在讲授时明确将其分为内、外篇，各八个专题[②]，分十七次讲授（《诸史》内容较多，分两次讲授；《文章》讲了一次半，《风俗》讲了半次）。内篇《勉学》《识仁》是本次讲习的根本和出发点，《六艺》《诸史》《九流》《理学》《经世》《文章》则涵盖了经、史、子、集，传统学术，灿然于此。外篇八个专题则为内篇张目，属于中国文化史的范畴。于是乎，李安国先生整理本就直接将内、外篇各自抽绎组合，先列内八篇，后列外八篇。我们在校正时发现，从时间顺序上，罗庸先生是把内外篇参互交错讲授的，先讲内一《勉学》，次讲外一《种族》，再讲内二《识仁》，以此类推。随着讲授的深入，前面讲习未尽的内容，往往在后面的讲习中得到补充，内外篇之间相互勾连，彼

① 吴晓玲《罗膺中师逝世35周年祭》。

② 内篇：《勉学》《识仁》《六艺》《诸史》《九流》《理学》《经世》《文章》；外篇：《种族》《文化》《质文》《礼乐》《乡党》《学校》《儒侠》《风俗》。

此张目，以至于形成一个“杂糅”的整体，与史迁之“互见法”甚为相合。割裂内外篇，很多内容就变得不得其详。而这正体现了罗庸先生学术研究的基本方法：把学术问题放到文化史的背景中讨论。《中国文学史导论》如是，《习坎庸言》亦如是！有鉴于此，我们的校正本将十六个专题，按照罗庸先生讲习的先后顺序排列，这应该是更符合作者本意的。

最后，我们真诚的希望罗庸先生的校定本或清稿原件能早日公开，学术公器为天下所用。

2016年3月记于河北师范大学

罗庸题签《习坎庸言》

参加讲习者签名

目 录

缘起

三十一年[①]春，余将释三年之丧，朝夕礼奠之暇，重亲旧业。时避寇昆明，既逾四载，国忧家难，学殖日荒。同游诸友，亦或愤悱无靖献于时，因共约为讲习之会，爰次第内外学术为十六篇，每七日休沐，集而讲之。《易·坎》之象曰："水洊至，习坎，君子以常德行，习教事。"《中庸》曰："君子之道四，丘未能一焉：所求乎子，以事父未能也；所求乎臣，以事君未能也；所求乎弟，以事兄未能也；所求乎朋友，先施之未能也。庸德之行，庸言之谨，有所不足，不敢不勉，有余不敢尽。言顾行，行顾言，君子胡不慥慥尔。"今之讲论盖有取于此云。

---

① 编者按：1942年。

规约

一、本讲习旨在温故知新，克己复礼，以免独学无友，非以集会结社著书立说。

二、讲友无定额，但不冀呼召攀援，去来无定，庶符守约有恒之旨。

三、所列十六目包孕广博，非固陋所能尽举，惟是一得之遇，愿与诸友共之，冀收商略之益。子不云乎，“多闻阙疑，慎言其余则寡尤。”[①]“知之为知之，不知为不知，是知也。”

四、外篇所及或涉及当世政教大端，但本讲习一本学术主旨，以求为己之学，非敢方人自贤，尤不敢莠言乱政，处士横议之讥庶几免夫。

① 整理本将此句误断为“多闻阙疑慎言其余则寡，尤知之为知之……”。

五、本讲习不为著书立说，讲友但可自行笔记，以资参证，幸毋[1]辄为刊布或轻易示人。

六、本讲习一本默而识之，学而不厌之旨，讲友但可于燕间互析疑义，幸毋与未参讲习者争持胜义，致启攻讦。

七、学问之道要在日新，本讲习所陈各端，或先后所见不同，得随时补苴[2]改定，但必称心而言，庶免动说雷同。

八、橐籥吹万，怒者其谁。虽说本无能说可说，虽念亦无能念可念，庶乎不滞迹象，不落言筌[3]。因药发病之夫，庶几可免。深冀诸友共体斯意。

① 整理本误作“母”。
② 整理本误作“直”。
③ 整理本误作“诠”。

内篇一[①] 勉学

（觐高笔记 民国三十一年四月十二日下午三时至五时）

本篇主旨在阐述大学之三纲领、八条目，于此有四点须先说明者：

一、为己之学与格物之学。儒家治学根本态度为为己之学。《论语》："古之学者为己，今之学者为人。"孟子曰："学问之道无他，求其放心而已矣。"宋儒之"把心放在腔子里"，皆是此意。稍有一分骛[②]外便非为己。设若脚根无线，长随客转，则不足与立矣。自西学输入中土，中国学术遂起变化。西学之特长厥为格物，于是中土为己之学遂沦[③]为心

---

① 整理本脱"一"字，据罗庸校定本改。

② 整理本误作"骛"，同上。

③ 整理本误作"论"，同上。

学，与格物之学分途并驰，使学者无所适从。实则中西之学互为首尾，不可强分为两橛也。孟子曰："道二①，仁与不仁而已。"不仁非道，道只有一。道一，学曷可分属二耶？②不能认清为己与格物之为一，则必陷于矛盾与苦闷而不能自拔。

二、通人与专家。古昔学者所孜孜不懈者，在求为通人。王仲任《论衡·超奇篇》："能说一经者为儒生，博览古今者为通人。"通人者，通贯古今之谓，然通人必资于下学。求为通人而不肯作"下学"工夫，于是但求省力，如佛家横超三界，因之浮光掠影，只余一空洞架子，转成不通。戊戌政变前以通人自居之旧派多此类也。今之学术界则重专家。培养专家之意，章实斋《文史通义》已早言之，然终不成。今日专家日多，于是求为通人者或目专家为偏，专家亦每病所谓通人者之空疏，充其极至，乃成水火之不相容。然通人与专家不过所治偏全之不同，并非两事。不明乎此，则又无所适从矣。

三、故国之思与古国陈迹。此乃两种作学问态度之不同。如逊清末叶之国粹学者，动多故国之思，对中国之山川景物，小至一草一木、一花一叶亦莫不寄以深厚爱护之情，发之于文章

① 整理本脱"二"字，据罗庸校定本补。

② 整理本误作"道学曷可分属二耶"，据罗庸校定本改。

者，低回流连不能自已[1]，其极至于美恶不分，薰莸等视，所谓好仁不好学，其蔽也愚者也。西人之研究中学者，多持科学之态度。科学态度往往流于冷酷，又兼之以帝国主义者视殖民地文化为过去陈迹之态度，为有血性之国民所不能堪。此路当前，何去何从，学人滋惑焉。实则二者不过一出一入之不同，亦不可强分也。

四、农业意识与工业意识。中西治学态度之异造端于此。中人治学精神源于农业意识，而西人（自近百年来为尤甚）则以工业意识为之始基也。吾人称六经曰六艺，称治文章者曰笔耕，曰砚田，自为逊词则称学识荒落，属文无条理则曰枝蔓。曰艺，曰耕，曰砚田，曰荒落，曰枝蔓，莫不由农业术语而来。又如十年树木百年树人，以人比树木，亦农业意识为之主也。西欧自工业革命而后，文化学术一转而为工业化。中国自欧西接受西洋研究方法，工业术语亦随之东来，如云搜集材料，如云学习工具等，指不胜屈。中国学问以人为主，以物为役，西学则以物为主，以人为役，其轻重迥[2]不相同。初学之士亦以二者判然两途，不知所就，不知二者亦不可强分也。

---

① 整理本误作“己”。
② 整理本误作“逈”。

吾人心理上之矛盾冲突，率可由上述四者寻其源委，是以本篇讲述之前，必先以说明四者始。

古人治学态度，佛教输入中国之前与佛教输入中国之后迥[1]然不同，此则学者所当知。《论语》一书博大精深，字字无病，降而至于《孟子》，则须善读善会，始免过失。如《论语》论学，曰“学而时习之”，曰“十室之邑必有忠信如丘者焉，不如丘之好学也”。不预拟前面如何而处处由自己入手，处处反省唯恐自己不足者，是以曰“三人行，必有我师焉，择其善者而从之，其不善者而改之”，外界一切悉是我师。宋儒所谓“不学便老而衰”，以不学则将失其赤子之心也。孔子为学只是求道，道者人所当由，而非虚无之对象。子曰：“君子学以致其道，朝闻道夕死可矣。”学以致道，闻道可死，皆非悬鹄之辨。孔子之学，如此而已。至孟子则不然。一则曰：“乃所愿则学孔子也矣。”再则曰：“舜何人也，予何人也，有为者亦若是。”不善学孟则眼前设一偶像，亦步亦趋，未敢稍越规矩，此与佛家学佛之说最相近，亦最易出毛病。盖正足启忮求之心也。佛教至于中国，不得不以

① 整理本误作“迴”。

空宗对有宗，亦定转而趋于孔学之意。

眼前预悬一标的而毕其力以赴之，即是功利之见。功利与仁义之分其几甚微，不可不辨。自道家言道，佛家言佛，此病几不可去。宋儒所以反对二氏者在此。善学者唯省察当下一念，当下之念即是学问。功利之心，躁进之心皆心术之大害，务尽去之，乃知学而时习之乐，如此此心始有著落。至于立德立功，成德达材，定否能见用于时，厥有运会存乎其间，尚论古人者不能以成败为衡也。善哉仁义则百病皆消，更不必逐件检察，明乎此，然后三纲八目始可与言。

《大学》乃《礼记》篇名。“大学之道，在明明德，在亲民，在止于至善。”朱子改“亲民”曰“新民”，并为补格物致知传文。阳明则从古本，于是程朱陆王之学判分为二。愚意此处应从程朱，不从陆王，盖此为义理问题，非文字问题也。

三纲：明德、亲民、至善。性与天道，孔子之所罕言，人人可自致其善，毋待烦言也。下乎孔子者，喜为性善之论，于是性命等于空谈，实性善即明德也。亲民从下文所引《康诰》改作“新民”固可，就义理言之，不改亦可。“吾非斯人之徒与而谁与”，即“亲民”之最好注解。“止至善”之义，自佛教入中国后误解滋多，人人以为有一个“至善”为高不可攀，若就《大学》而论则不如是。“止至善”即止乎中道也。子夏丧子而丧其明，非中道也。子产“以其乘舆济人于溱洧”，孟[①]子曰“惠而不知为政”，亦失中道也。易词言之，“明明德”乃好学之事，“亲民”即仁，“止至善”即从容中道，时时刻刻无道不及，即不离中道，即明德，即亲民，即止于至善。于是乎学问之道备矣。

八目：格物、致知、诚意、正心、修身、齐家、治国、平天下，此八者乃澈头澈尾一套学问，而关键则在格物致知。格物致知，朱子为补传文一章，解为即物穷理。鹅湖之会，陆九渊作诗诋朱子为支离破碎，阳明则以“格其不正以归于正”谓之格物，又曰“知善知恶是良知，为善去恶是格物。”此从佛教黑法白法之意而来，亦自成理。然阳明之说与《孟子集义》之说为近，后上溯之，亦可与颜子改过迁善之说相通，必欲从阳明之说，则须从颜、孟寻其源，非所论于《大学》此章之义也。解此章宁从朱子“即物而穷其理”之说。格，至也，格物乃使心与物通，不生隔膜。隔膜即不相通也。即物而穷其理实即好学之事，由格物而求学，允当如阎百诗[②]氏之言，“一

① 整理本脱“孟”字。

② 整理本误作“白百诗”。据张穆撰《阎潜丘先生年谱》载阎百诗曾有“一物不知，以为深耻，遭人而问，少有宁日”之句，故此当为“阎百诗”之误。阎若璩（1636—1704），字百诗，清代汉学家。

物不知，儒者之耻，遭人而问，少有宁日。”以此态度治学，决无架空之病。若格物而不致其知，格物即一转而为徇物，其流弊盖不可胜言。致知者，以今日之术语言之，则研究工作的工夫，在乎求原则原理，不在单独的事物对象，此原则与彼原则贯通，又成一更高原则，其顶尖则为“吾道一以贯之”之道，一旦豁然贯通焉，试叩其本身实廓然其物也。“有鄙夫问于我，空空如也。”“空空如也”意即廓然无物。是以七十而从心所欲，不逾矩焉。然初入乎庭，须是一鞭一条痕，一掴一掌血，脚踏实地，鞭辟入里，令其无一处不实。实处愈明即虚处愈明，其极物学即心学。专家及通人，不循乎此不足以言学也。佛教言初地菩萨得百法陀罗尼，二地菩萨得千法陀罗尼，至于成佛八万四千法门如摩尼珠在握，亦即孔氏“吾道一以贯之”之意。为己之学必从格物致知入手，否则生活必致虚浮。由农业意识出发而不始乎格物，由工业意识出发而不至乎致知，其弊有不可胜言者。

致知即总持工夫，知致自然意诚，意诚自然心正。正者，定也。心正则身修，身修即能立，能立即能达矣。然此不是大段相隔，盖有一方心定则一方不惑，多方修身则多方不倒，随时随事格物致知，则随时随事意诚心正身修，至于无时无地不修身，则自然成为完人。身修则家自齐，齐应读剂（见《考工记》），齐家，调理其家也。能剂其家，则自能治其国；能治其国，自能平天下。故曰：“自天子以至于庶人，一是皆以修身为本。”此即为己之学也。

格物致知亦即反求诸己的工夫，而孟子曰：“行有不得者皆反求诸己，其身正而天下归之。”故为学之道，所持者甚约，所取者甚博，只一句“求其放心”而本末具足。为学次第能如此，则上述一切心理上的矛盾、苦闷、烦恼，莫不橐然以解矣。

外篇一　种族

（觐高笔记四月十九日下午二至四时）

吾族今日有一最大危机焉，即敌人多方谋分化我民族是也。日本扬言于外者，一则曰建立东亚共荣圈，再则曰驱逐白人于亚洲之外。其对欧美，则以东亚盟主自居，其对亚洲各民族则处处阴谋分化，而于吾国各民族为尤甚，务使之土崩瓦解而后已。如沈变[①]前五六年间，日本已早有《渤海国考》出版，以怂恿满洲之独立，其处心积虑有如此者。是以自抗战以来，忧国之士遂倡为五族同源之说以抗之，而不顾其不合于学术上之事实也。兹即就此问题略申鄙见。

中国民族问题，近数十年来国人始有论及，《新民丛报》

① 编者按：即九一八事变，又称沈阳事变。

蒋观云、梁启超诸氏实开其端，大略以与西人对抗为其指归。至如太炎先生《检论·叙种姓》上下篇，则专为排满而发。溯源而上，梨[①]洲之《明夷待访录》盖为之先导。余今此论，厥目有三：曰民族之[②]分化与混合，曰民族之少壮与衰老，曰中国各地民族性问题。略抒所见，以引其绪，研几寻讨，以俟来哲。

一、民族之分化与混合。中国文化基本精神在于无形中消弭各民族之界限，而不期其分化，此大一统之义也。自来之言民族问题者，虽严夷夏之辨，实存柔远之心，其极但欲使各民族如鱼之相忘于江湖而已。由历史而言，中国民族种类綦[③]繁，今则此疆彼界多半消除，尝推所以致此之故，窃意以为《中庸》之“车同轨，书同文，行同伦”，实为周公以来一贯之文化基础。试以两事为例：凡一民族之有宗教为背景者，其团结力固，其被同化难。如回教徒之在印度，与印度教徒时启争端，然杂居中国者，除其小部分宗教信仰外，衣冠文物已与汉人无别。又如满人初入中华，服饰装束莫不与汉

① 整理本误作“黎”。

② 整理本脱“之”字，据罗庸校定本补。

③ 罗庸校定本作“綦”，整理本误作“藄”。

人绝异，乃未三百年，已与汉人同化，且其语言文字亦渐尽矣，然汉人亦遂以满洲之服为其服。西人始莅中土者，吾人辄以“洋鬼子”呼之，久而吾人亦与之狎习焉。试思吾人今日生活服御，果何者为吾所故有？精于考据者，亦往往茫然莫之能详。是盖吾族文化态度，虚而能受，有以致此，故终能同轨同文也。“车同轨”者，以今语释之则为物质生活之相同。吾国由南而北，自东往西，衣服居处大略相似，是以能泯除各民族疆域于无形。居今日不明乎“车同轨”之义而侈谈民族问题，吾止见其迂阔而远于事情而已。“书同文”则为文字相同也。各国境内，南北西东，语言各异，然莫不可以所谓不象形之方块字沟通之，远及海外侨民，虽不能操国语者，苟示之以中国字，则油然兴同胞之感，是此文字之所至，即吾民族之所至，设废弃此方块字，改用拼音文字，吾不知中国将分化为若干国家矣。“行同伦”者，伦理组织相同之谓。异族之杂居中土者，历年即久，家族制度以及冠昏丧祭往往同化于吾人，凡此皆使各族相忘于江湖者也。

由此而论，各民族实非一政治组织，乃为一文化组织，非一血统集团而为一文化集团，强曰五族同源固非揣本之论，而严拒欧人于千里之外，稽之往史，吾人心胸宏廓，尤不宜尔也。

二、民族之少壮与衰老。戊戌前后，国人之与东西洋接触者，见人之朝气勃勃，痛己之颓靡泄沓，于是别称中国为东亚病夫，目当时之政府曰老大帝国，曰病夫，曰老大，与强国强种之说同时并起。鼎革后，强国之论仍盛，强种之论渐衰。以余观之，当日强种之说实非无见，盖民族实有少年壮年衰老之分焉。昔在杭州，尝与梁漱溟先生论此意，梁先生则以为文化有青年衰老之分，民族则无所谓青年与衰老也。

中国文化实早熟。约略而论，春秋战国为成熟期，两汉享其成果，至两晋则日就衰替，唐宋而后，汉族日趋颓落，不复往昔之茁壮矣。西人指目我民族为老大者，如喜回忆、喜积聚，皆老人常态，此病吾适有之。日日神往于古昔之繁华而回味之，而咀嚼之，人之胜我者，则反识之为幼稚不足学，此非老大而何？此非衰老之征象而何？

然亦不可执此以概量国人也。中国民族原极复杂，若就文化之发展而言，则二千年来由北南渐，殆无疑义。一般而论，北人多持重保守，喜留恋古文化之残余，此皆开化在先之征。然若一旦为人所制，往往表现如鲁迅先生所说阿Q气，自足自满，实受制而仍不承认己之受制也。国人之土于中部及沿海各省，则富于开发勇气，不流于固执，然生命之活动不及智力之活动，故进取有余，笃厚不足。再南则活动力极强，有横厉无前之概，然智力短浅，文化薄弱，无深根宁极[①]之观。此皆北方民族渐就衰老，南方民族齿尚年青之验。持此以论中国近百年来历史上之大变动，即可知其非出偶然。洪杨太平天国之役，康梁之戊戌变法，孙中山之首倡国民革命，莫不以两广志士为之基干，即其明证。美人汉丁敦之论吾族，以为将来希望胥在广东之客家，实为有见。南人北人之异，为国人所习知。余为此论，非有论于是非善恶也，然犹有说焉，北人南人文化年龄既殊，工作方向亦应有异，老者宜教，壮者[②]宜行，少者宜学，反其当行，即成笑柄。北人讥不能而强学步者曰老马学竄，盖齿已耄而强学童子之舞彩衣，必至学步未成，反失故垒，徒取笑于人，是宜戒也。由是而论，吾人今日所取法于西人者，或亦当有所简择欤?

三、**中国各地民族性问题**。中华民族为一文化的混合的组织，前已言之。复以轮蹄不便，人人安土重迁，封建制度虽已崩坏，而各地风俗之不同也如故。是以同乡会商帮之组织，各地靡不有焉。夫大团体中有小团体，与之并存者，复有无数小团体，而此大小团体，复相习相安而不相忤，是真浑中见

① 整理本误作“極”。
② 整理被误作“老”。

分，析中见合，诚能如鱼之相忘于江湖者。中国文化组织亦未能打破地方组织者以此，其不必过求打破地方色彩者亦因此，此谈中国民族者宜知也。

总结言之，日人对中国民族之阴谋分化，自极可畏；而国人侈谈五族同源亦非探本之谈。必先明吾族文化之大源，人人守其本位，先明白本乡本土文化之传统，而发扬光大之，进而谋全国文化之混合，是即报国最善之道，固不必舍己之田而芸人之田也。《论语》："子张问：'十世可知也？'子曰：'殷因于夏礼，所损益可知也；周因于殷礼，所损益可知也。其或继周者，虽百世可知也。'"明其损益，则百世可知，吾于吾族之转化亦云。

（二十日午前九时钞毕）

内篇二　识仁

（觐高笔记　四月二十六日下午三时至五时昆明小东门外盘龙江堤畔）

识仁，取程子《识仁篇》之意。程子曰："学者须当识仁，仁者浑然与物同体。"因以命篇。

义理不能离文字而空谈。设统计《论语》论仁之处，积聚而比类之，以探求其意，则于仁之含意必能得一联贯之解释，且使讲论有所依据。宋陈淳《北溪字义》即用此法。清代阮元之《论语论仁论》，陈澧之《汉儒通义》，黄以周之《经训比义》，戴震之《孟子字义疏证》，降而至于刘师培之《理学字义通释》，皆沿用此法。盖必如此始能本源经训，不致泛滥无归也。

今所论者，尚有二义足陈：一、《诗》《书》中表德之词，涵义与后来有异。如德即有凶德、善德二义，又如《国语》《左传》中论仁义之处，亦远[①] 不如《论语》之完全。据此而论，仁之义蕴，至孔子始臻完备，后乎孔子者似各得其一偏。则可否用孟子之论仁义者解《论语》之“仁”字，可否用《大学》论诚意、《中庸》之论性命与天道者解《论语》之“仁”字，殊有斟酌余地。二、分别不杂，则一家思想易见。愚意《论语》以外各家论仁，均不如《论语》完满[②]，以之注解《论语》多有未当。今兹以《论语》论仁为中心，旁及《大学》《中庸》[③]《礼记》《易传》《孟子》《荀子》论仁之处，以识仁之正解，且论其区别高下焉。

《说文》：“仁，相人偶也，从二人。”为一会意字，即人与人间相亲不相离之意。阮元《论语论仁论》曰“必二人相合而仁乃见”者，以此，《论语》论仁之处极多，且《论语》所载孔门弟子多晚年弟子，由弟子之时时问仁，足见孔子设教主旨所在。孔子答子张问仁，曰：“能行五者（恭宽信敏惠）于天下，为仁矣。”于诸答语中最为浮泛。答颜回则

① 整理本脱“远”字，据罗庸校定本补。
② 整理本误作“备”，据罗庸校定本改。
③ 整理本此处衍“孟子”，罗庸校定本已标注删去。

曰："克己复礼为仁。"则最为精切扼要。盖"回也，其心三月不违仁"，而子张则"堂堂乎张也，难与并为仁"，学诣不同，孔子固因材施教也。他如答樊迟则曰"爱人"，则介乎颜回子张之间。

孔子以"克己复礼"答颜渊，宋儒解"己"为己私，"礼"为天理，知仁为向内的，鞭策自己的工夫，完全是为己之学。答樊迟曰"爱人"，则人我相对，与孟子"善推其所为"为近。答子张则曰"能行五者于天下"，推而远之，至于天下，则言其及物之功，与答颜回者迥[①]殊矣。《论语》："子曰：中人以上，可以语上也；中人以下，不可以语上也。"欲求识仁，当以答颜回者为主。颜渊问仁，子曰："克己复礼为仁，一日克己复礼，天下归仁焉。为仁由己，而由人乎哉？"是知为仁在己而非由人。颜渊曰："请问其目。"子曰："非礼勿视，非礼勿听，非礼勿言，非礼勿动。"颜渊曰："回虽不敏，请事斯语矣。"是知其力全为向内的。"克己复礼"四字，已将孔子论仁之意包括全尽，知克己者可以毋意、毋必、毋固、毋我作注脚，"意"即"不

① 整理本误作"迴"。

逆诈，不亿不信”、“亿则屡中”之“亿”，以私见揣量一切事故，而构画一体系面目谓之“意”。此则造作出来，非体验出来，愈造作则离本真愈远，愈造作则其病愈深而不可救。“必”者悬断，凡宇宙间一切事象皆为活的，有一点看死则为不仁。譬如有预行警报（是日午后二时有预行警报，先生率觐高等七人避地城外，故云），预行警报后之一切，概不可预断，若事尚未来而预断必如何则“必”，必则不虚，不虚则不仁。“固”者，执持不变之意。庄子“一受其成形，不亡以待尽”云云，可相印证。孔子曰：“吾少也贱，故多能鄙事。”素贫贱行乎贫贱，素富贵行乎富贵，屈伸隐显与时消，到处为仁之流行，此则不固。反之只能适应一面，于他面不通则为“固”，此微生[①]亩讥孔子为佞[②]，而孔子所以答之曰：“疾固者也”。“我”者以对人而有，凡有我则有计较打量，有计较打量则为功利之见。若如禹虑天下有溺者犹己溺之也，稷思天下有饥者犹己饥之也，则是真能民胞物与，人我之见到此已归泯灭。稍有一分我，则与人相隔而不相通，即成不仁矣。四者以“我”为根，有一分我则有一分私，有

① 整理本误作“朱”。
② 整理本误作“佞”。

我则有意，有意则易必，必则固，矫情之士往往致此。吾辈读王莽、公孙瓒、王安石、张居正之事，所以心伤如结者以此。“我”“意”之病，尚属普通，若“固”“必”中人，则必致不可救药，是以孟子曰：“所恶于智者，为[①]其凿也，智者若禹之行水，则无恶于智矣。”禹之行水，只是因物付物，能因物付物则无我矣。盖仁者其极为无我，而毋意、毋必、毋固、毋我，莫不为克己的工夫也。

有一分克己则为复一分礼，（子曰：“礼乎礼乎，玉帛云乎哉？”是知复礼为仁，非玉帛之云）譬如浮云遮月，云退一分则月光显一分，云多一分则月光减一分，而月光本身并无缺欠。持此以喻克己复礼，其理甚明白易晓。是故克己复礼工夫亦即复性工夫也。（仁之真意胥在乎此）克己亦即改过迁善，改过迁善厥由体验，改一分过，迁一分善，则为体验一分，是知仁为体验而得，非由想象而得者，亦非涵泳而可得者。求仁须于民生日用之间。孔子答颜回以动言视听，盖必于此作克己的工夫，始能至乎“君子无终食之间违仁”也。《中庸》曰：“力行近乎仁。”曰近仁，以其尚非仁之本体，然求仁必于力行则无疑也，解此则可与言刚毅木讷近仁之意。“子

① 整理本误作“恶”。

曰：吾未见刚者。或对曰申[1]枨。子曰：枨也欲，焉得刚。”何以欲非刚，以欲由我起，设外欲业[2]累，则必不洒落，必沾滞，必徇人徇己也。然无我则自然寡欲，此孟子之所以称“养心莫善于寡欲”也。由此识刚，由刚体仁，然后可明乎仁者之必有勇。仁必向前，无所疑惧，故“当仁，不让于师”。曾涤生云：仁心之发，最不要迟疑，稍迟疑则私欲来（见《家书》，大意如此），最为知言。孔子答子张曰：“恭、宽、信、敏、惠。”又曰：“敏而好学。”盖敏则不迟疑，不迟疑则勇往直前，非然者，迟疑考虑，首鼠两端，非仁者之所当为矣。毅即有恒。曾子曰：“士不可不弘毅，……死而后已，不亦远乎？”“死而后已”曰毅，依于仁，至于死方止曰毅，有恒则毅力自出矣。木，木然不动摇也。譬则树（先生指树为言），风吹始动，否则止，此即木也。有大鸟，目光四射，八面玲珑，各方瞻徇，此则终日外驰，无所兴立，焉得木？仁者必深根宁极[3]，百世不迁（此仁者所以乐山），其根必深，其枝叶必藏。所谓居之安则资之深，资之深则取之左右逢其

① 整理本衍一“张”字。

② 整理本误作“丛”。

③ 整理本误作“檖”。《庄子·缮性》：“不当时命而大穷乎天下，深根宁极而待。”

源。如宋儒所云，无事如泥木人，是以守如处子，而动如脱兔，盖静虚始能动直也。讷者，不善言词之谓。子曰："仁者其言也讱"。又曰："为之难，言之得无讱乎？"天下事无咄嗟可办[①]者，说风凉话，说不着边际的话，甚至肆意讥抨他人，盖皆不明仁者先难而后获之意。知乎刚毅木讷近仁，则知乎巧言令色之所以鲜仁矣。于此有须重复说明者，刚毅木讷四者非即仁，第近仁而已。读《论语》论仁之言，以上来所说为纲，则自易得其端绪。今再略申己见，以论克己复礼。

吾人指麻木曰不仁，何以故？以其隔也，以人我之间有间隔，物我之间有间隔也。有隔则不能通，轻则尔为尔，我为我，重则损人利己，无其极至，必残民以逞，宁我负天下人。是以为人必先打破此种间隔，人与我原为同体，人饥己饥始得谓之仁，若有私见有我见，必致彼此间隔不通，此自筑墙于人我之间。所谓画地自限，真大可哀者也。克己云者，非有外在的间隔须打通，实由自己作茧自缚，故必先由身内做起，即其私小处而克去之，其极至于舍己从人，取诸人以为善，则其缚自解。此所谓从人者，乃从天下之至公，与徒众徇物有异，能无成见，舍己从人，则自己空空如也。如此始能

① 整理本误作"辨"。

打破人与人之间隔，至此始能言仁者浑然与物同体，必如此始可言民胞物与，人我无间，必如此仁者之事乃尽。孔子之所谓仁，与宇宙同其广大，与宇宙同其悠久。广大则无人我之隔，悠久则闻道可死，是以君子坦荡荡也，是以乐天知命也，是以曰仁者不忧。夫人所忧者多为身家性命，真至坦荡荡则死生如旦暮，夫何身家性命之有？陶渊明曰："聊乘化以归尽，乐夫天命复奚疑。"盖不爱则自乐，是以孔子曰："饭疏[①]食，饮水，曲肱而枕之，乐亦在其中矣。回也，一箪食，一瓢饮，在陋巷，人不堪其忧，回也不改其乐。"孔颜乐处，宁可凌空去求，亦端在视听言动[②]能依乎仁而已。

乐天，即乐自己之生命，能乐天始能知命，否则常随客转，空活一世，终其身不得仁也。孟子曰："道二[③]，仁与不仁而已矣。"不仁即不同情他人之苦乐，亦即好恶不与人同。所谓"好人之所恶，恶人之所好，是谓拂人之性，菑必逮其身"。矫情造作，皆是不仁，庸言庸行是以可贵。孟子曰："不仁者可与言哉？安其危而利其菑，乐其所以亡者。不

---

① 整理本误作"蔬"。

② 编者按："视听言动"指"非礼勿视，非礼勿听，非礼勿言，非礼勿动"（《论语·颜渊》）。

③ 整理本脱"二"字。

仁而可与言，则何亡国败家之有？”是知仁者与物同体，故仁者无敌焉。唯仁者能好仁，能恶不仁。何以言之？恶不仁者，不使不仁者加乎其身也。孔子容观、举止，“望之俨然，即之也温，听其言也厉，”全为浑然天理，仁之圆满完成，然入手处则必自克己复礼始。（廿八日晚十一点半）

《学》《庸》《孟》《荀》[1] 论仁，皆与《论语》大同小异，不宜牵扯钩连，使《论语》论仁之意反晦塞不明。

孔子之所谓仁，用现代语言释之，则属全生命的活动。此全生命的活动，以性命为主，不以习气为主，所谓天理流行是也。《大学》之“诚意正心”（即慎独毋自欺），但能以之体验克己，而非仁之全体，二者范围大小不同，易见也。《中庸》“天命之谓性……”数语，须善自体会，否则视性与道为外在之物，毫厘之间不可不辨。孟子之论四端，曰：“人之有是四端也，犹其有四体也。”其极为践形、尽心，亦即《中庸》尽性之意。然孟子得力之处则在养气，“持其志，毋暴其气”是也。养气对知言（“我知言，我善养吾浩然之气”），知言为知，则养气亦近乎仁，如此则孟子气象之剑拔弩张，宋儒所称为英气者，良不宜有。且孟子之所谓气，虽不离心，然

① 编者按：此四者为《大学》《中庸》《孟子》《荀子》。

究与孔子克己复礼有别。由孔子之仁以行，则必温文尔雅，蔼然可亲；由孟子以行，但见亢矫[①]不群而已，且养气之后，理直必侃侃而辩，此与刚毅木讷亦异。是以气字实应细加斟酌者也。（孟子“养气”于颜渊“寡过”之意近。此亦宜知。）

《礼记·乐记》：“物之感人无穷，而人之好恶无节，则是物至而人化物也。”立论仍从好恶取舍而来，衡以克己复礼之意，此亦堕第二义，然细释其奥，亦良足珍。

《易·系辞》“寂然不动，感而遂通天下之故”一节，论亦极精。盖仁应以感为体，因仁体不可见，必由其用而后体可见也。咸卦所论，皆仁体之流行，然不善读《易》，往往流于老庄，因寂然不动近于主静，是以魏晋清谈不得称仁。程子曰：“涵养须用敬，进学则在致知。”涵养工夫因非在视听言动之外，别有所在也。静的学问、静的生活与动的学问、动的生活为道家、儒家之别，盖静中观化则有人我，大用流行则无人我也。

《荀子·解蔽》：“人心譬如槃水，正错而勿动，则湛浊在下而清明在上。”可解为得仁之后的心境。何以能如槃水清明在上，则端在力行的工夫，而非有赖于静坐的工夫也。视听

① 整理本误作“痪”。

言动莫不有仁，而静坐非仁。如习禅定者，坐下有禅起来无禅，则非打成一片。儒释之辨，即在此几微之处。静坐亦解悟，然往往与道家为近，此宋儒之静坐所以为颜李所讥也。荀子所言，如不善为体会，亦易发生此病。

仁者必须于日常行事，无处不是寂然不动，感而遂通，故“四毋”为仁之全体，有一不至则非孔子之仁。由孟子入，其极为慷慨豪爽之士，而不易为蔼然君子。由主静入，则流于禅，《论语》无病在此，《论语》之所以不同于《学》《庸》《孟》《荀》者在此。神而明之，存乎其人。若不善体会，则其过在人，非在《论语》也。余之所言止此，至言体验，则相去尚啻千万里，是以名之曰“识仁”，而不掠之曰“体仁”云。

（二十九日午后）

外篇二　文化

（觐高笔记五月三日下午二时至四时）

本篇承《种族篇》而来，必合观之，其义乃见。吾人一举一动，莫不与文化互为因果，对文化有认识，个人言行始能自知而统一，否则反是。今所论者，仅就中国文化为言，盖文化为一专门学问，余对专论文化之中西专书甚少涉猎，不敢强不知以为知也。

兹分四章论之：曰文化问题乃当前一大问题，曰我对于文化的看法，曰中国文化之过去，曰中国文化之现在。

一、文化问题乃当前一大问题。今日吾人习闻之文化论，约分二派：一曰全盘西化论，如陈序经氏所著之《中国文化的出路》可为代表；一曰本位文化论，近年当轴诸公颇主张之，如四维八德之提倡，如音乐教育委员会之设置[①]，是皆理论之见诸实行者。二者持论既异，其极乃至若水火之[②]不相容，徘徊于二者之间而莫知所适者，盖大有人在也。

溯自明嘉靖三十六年（1557），葡人据澳门，实为西化东渐之始，时国人但以贸迁有无视之，未之异也。清季道咸以还，西人挟其坚甲利兵，向东方扩张其领土野心，国人屡败之余，遂发生一新觉悟，知非自强不能以图存，于是模仿西学西政之说哓[③]然蜂起，至戊戌而造其极焉。时有新旧两派，一曰康梁之《湘学报》，一曰叶德辉之《翼教丛编》。相互诋讦，各不相下。张文襄乃倡"中学为体，西学为用"之说以折衷之。张说期在以中学御西学，原未可厚非，惟强分体用为二，遂遭非议，此真所谓"一言不智，难辞厥咎"者也。

夫历史之演变全依于势（参看《荀子·天论》），"势"非人力所能左右，持论者纵极言语之工，而历史之演变初不因群言而差其因果，此所宜先知者也。逮至五四，国人知西人所长并非坚甲利兵而别有所在，于是持论又为之一变。五四之口号

---

① 整理本脱"置"字，据罗庸校定本补。

② 整理本脱"之"字，据罗庸校定本补。

③ 整理本误作"忽"，据罗庸校定本改。

曰科学、曰民主，较中西体用之说诚为灼见本原，然衡量中西文化而确见其前途者，则当推梁漱溟先生之《东西文化及其哲学》。

《东西文化及其哲学》（罗莘田、陈仲瑜两先生笔记）一书，对于东西文化作一总比较，曰东西印文化为三个不同的方向：西洋文化为向前看的，因有近代欧西文明；印度文化为向后看的，其究极为出世；中国文化为持中的（大意如此，书未在手头，不克引用原文）。对中西印文化作平列的看法，而非阶层的看法，此其全书主要之点（是书亦有可议者，如论中国人生活为以理智运用直觉，运用云云，语病甚大）。是书给予余之影响甚巨，余之对整个文化加以注意与考究者，实此书有以启发之。

北伐而后，风气又变，国人知吾国之能立国于天地间，必另有在也，于是中国本位文化之说起。第二次世界大战突发，英美处处失利，国人愈自信吾之所有者，殆非欧西之所能及，因之本位文化之说盛极一时。近三百年来国人对文化问题态度之转变概如此。

二、我对于文化的看法。吾人对名词之应用，其涵义往往失之笼统。文化与文明即其一例。如油灯进于汽灯，马车进于汽车，人称之曰文化，实则应称之曰文明。盖就整个文化而言，其范围应甚广大也（梁著《东西文化及其哲学》乃一民族生活的样法，样法两字欠活）。余为文化下一定义曰：文化为一民族，乃至一个人之生活态度，一民族有一民族之生活态度，一人有一人之生活态度，此态度之形成即是文化。态度即相互间之关系，关系约有下述三种：（一）人与物的关系（即人对物的态度，包括动植矿一切物而言）；（二）人与人的关系；（三）人与神的关系。人与物的最初关系，厥为利用之以适应人的需要，如对草木虫鱼莫不如此，一人之力有所不足，则人与人的关系生焉，于是有部落焉，有国家焉。物的现象有非人之努力所能理解者，因之拜物为神，人与神的关系生焉（如拜物教是）。自草昧至于文明，中西文化之发展其历程大致相类，而其成就乃有极大之差别。对物的态度，由利用之而改造之则为物质文明；对神的态度，由拜物至信仰多神，再变为一神教，则为宗教之最高点（宗教非哲学，盖不许思索讨论也）。至于人与人之关系，则变化多方，所以然者，实生产方式有以决定之，如中国文化源于北方中国，北方宜于农业，农业之发展有赖于生活之固定，因之遂发生家族制度，再发展则为封建社会之组织，一切封建伦理道德莫不由此而生。（五月五日夜十时一刻，誊录至此。）

就人与人、人与物、人与神之态度而言，中西文化成就之不同甚显明易见。中国物质文明不进步，宗教信仰薄弱，而家庭伦理则至发达；西人则物质文明进步，社会组织健全，宗教信仰至笃；若印度（应称之曰古代印度）则对物质生活不注意，伦理生活至为散漫，而宗教信仰为哲理的信仰（古代婆罗门已如是），至佛教则更显而易见。三者本同而末异，殊途而不同归，其极则不能相容，且发生极大的冲突。

余意文化固无绝对的善恶，但求行而宜之而已，譬之居处衣着，求蔽风雨护体温而已，能适应此要求则善，反之则否。文化如水，万流并下，其极合而为一，一文化之不得统御其他文化，犹之一水之不能统御其他水也，准此而论，故步自封，倡言复古，拒人于千里之外，与夫尽弃故常，舍己耘人者，要皆为无识之谈。然此等见识之来，则源于占有的冲动。盖文化者本为无尽的创造，一涉占有则必凝滞而不流，如不打破此占有的成见，则不足以谈文化（“占有的冲动”与“创造的冲动”两词见于罗素所著书，日人厨川白村《苦闷的象征》所言的两种力，中国固有之义利之辨，理欲之争，皆约略相类）。

三、中国文化的过去。就历史演变而言，吾国文化约分四期：一曰有文字历史之初至孔子，二曰由孔子至老庄，三曰由老庄至佛教入中土，四曰由佛教入中国至西洋文化东来。今先论第一期。今日中国文化，长江上下游与黄河流域即已不同，然中国古文化的发展，基地在黄河流域，逐渐推广，故宇内大致同风（周民族为中国文化的最早发源）。由《诗》之《周颂》、大小《雅》，《书》之《周书》中，吾人可知农业制度社会实为中国文化之基础，因之有家庭，有部落，有国家，而发展为“修身、齐家、治国、平天下”之一贯思想。以此之故，人对物的要求甚低（如“日出而作，日入而息，”固无取乎电灯、汽灯也），其极乃至物质文明发生停顿的现象，亦以此之故，形成一种寡欲与知足的哲学，人与神的关系则由复杂而变为单纯，雅颂中所见或曰天、或曰帝、或称有皇上帝，如此而已。由此更产生对祖先的崇敬，所谓敬天法祖者是，人与人、人与物、人与神三者关系实互相联络（西人则科学与宗教分途发展）而一皆本于自然。如农业生产，须看天时，须顺四季变化，须知土壤之肥沃硗瘠，人力不能抵抗自然，只有随顺自然，至此天的观念与自然合为一体（所谓“君子法天运”是）。对物亦以合于自然者为善为美，如园林布置，中国人以深合自然为美，与西人园林之剪截整齐者，实大异其趣也。以是吾国文化极易统一（由西周至孔子而完成），言人伦则君君臣臣、父父子子，齐家即是治国，言宗教则以天为对象，而此对象又不出乎一心，所谓“祭神如神在”，称之曰如在，盖不以身外真有此一对象在也。对物则力能化物而不化于物，以化于物则“灭天理、穷人欲”也，然亦非离物远去，故曰格物。如此则天祖人伦万物皆备于我，万物皆备于我，则无一物在我之外，此圆满人格德行之完成则为仁，此孔子之所以必依于仁也。依孔子路向而行，言态度为向前的（物质方面殊不易言），言宗教则为哲理的，言人伦则必至无穷的广大，所谓圣人“人伦之至”者也。

儒者之精神厥在自强不息（《孔子家语》[1]：“赐也，倦于学，困于道矣，愿息事君，可乎？子曰：‘《诗》云：温恭朝夕，执事有恪。事[2]君之难也，焉可息哉？’曰：‘然则愿息事亲。’子曰：‘孝子不匮，永锡尔类。事亲之难也。焉可以息哉？’”一节可参看），然此阳刚之德，本自难能，而况乱离之余，人人有避[3]世之念。老庄之说出，于是天下风靡景从焉（读《老子》应自第十五章“致虚极，守敬笃，万物并作，吾以观其复。夫物芸芸，各复归其根，归根曰静，静曰复命，复命曰常，知常曰明，不知常，妄作凶，知常容，容

---

① 整理本为“《礼记》”，而其后引文出自《孔子家语·困誓》。盖为李觐高误记。

② 整理本衍一“期”字。

③ 整理本误作“辟”。

乃公，公乃王，王乃天，天乃道，道乃久，殁身不[1]殆”读起，此为《老子》八十一章之总纲），老子态度为坐观成败，以此自高，其弊则为袖手旁观，逞私弄智，以他人之颠覆鸣自己之聪明。设墨者与儒者争，墨者必败。儒者与老子争，儒者必败。盖好逸恶劳，人情之常，老氏之论，正欲遐劳而求逸者也。

庄子之说，实有助于老子（庄老持术不同，学者类能辨之），复为老子树立深厚的哲学基础。今之人，每历艰险，必逃于庄老者以此（余尝谓今日之吾国人之行为，百分之九十九为老庄末流，百分之一为孔子余荫。持此而欲同化西人，西人之受同化者，则为腐化也。持此而论中国之文化〔谈本位文化者包括在内〕，其距中国之文化也，盖不啻千万里）。老庄之说起，先遭破坏者为伦理，魏晋清谈家之蔑弃礼法，索隐行怪（参《晋书·隐逸传》），盖其明验。

老庄之学实不能成为宗教，盖彼以自然为极高的哲理境地也。老庄之论尤不满于敬天法祖之说，其极遂流为玩世不恭，儒者格物，老庄外物（《庄子》有《外物篇》），而后之学庄老者，则绝物。夫蔑弃礼法，固不能灭绝人性（阮嗣宗

① 整理本误作“还”。

母丧，呕血数升为最好证明），因之使人格分裂，言行支离，逃于庄老者，往往拘滞名相，因之一变而为道教，其末流且降为五斗米道。求外物者并不能绝欲，而反堕于徇物，因相率为伪，习为故常，儒者建设的向前的精神并被击碎矣，此与儒者之诚意正心完全相反。如王衍之外形彻朗，内实动狭；谢安闻淝水之胜，至折屐齿。此均人格分裂之象，而国人乃深喜之，盖不自知其陷于矛盾也（老庄在中国文化上流毒甚烈，明乎此，即可明乎宋儒之所以排击老庄矣）。

老庄之流毒未熄，而印度佛说又来，此为中国文化史上之第三期变化。佛说陈义至高，国人初则深闭固拒之，后则逐渐接受之，以可与老庄易三玄之说相通也，以可与儒者正心诚意之说相通也。于是佛老合流焉，于是佛老与儒学合流焉，于是有三教归一之说焉（南朝儒生皆熟《易》《老子》，又多通佛理，可为明证）。理之在天地间，本可相通，且中人印人对物的态度亦不甚冲突，如老庄外物，佛亦外物，只有出家态度，则非国人之所喜，晋唐儒佛之争，率在此点。于是百丈禅师出，创为百丈法规，百丈法规实则僧农制度，此印度之所无。逮后之禅宗，与儒者尤为接近。宋明儒者，十八有禅，即此之故。佛教大乘教义为向前的，为发愿度生的，为欲入世而始出世的（佛译曰能仁，殿曰大雄宝殿，予人印象皆为有力的，与道之清虚不同），实佛与儒为近，与道相远。然讲佛则必有和尚，和尚必须出家，出家之人，未必深通教理，其末流且无恶不为，侵蚀腐朽之极，使儒家精神愈抽愈空，外形日益僵化，至北宋而极。周程诸子出，忧心时艰，遂倡为道学（理学）以救其弊。理学之要端在反虚入实，变文从质，于晋唐以来潮流实为一逆流，惜乎大业未就，西洋文化已经东来，中国文化又遭受一新的打击，而有吾国今日之文化局面。

四、中国文化的现在。两千年来，吾国人之所赖以生活者，唯在不识不知之农民，与最幼稚之生产。自汉以来，士大夫之甘于下流者，复上下其手，为贪官，为污吏，为土豪，为劣绅，为刀笔，此种社会历宋元明清而仍能立于不败之地，不致国亡种灭者，以国人有共同的文化意识，且元清文化远逊吾人也。然自西风东来，国人乃皇皇然若失其屏障焉，所以致此之故，盖西人不仅有强壮之身体与丰富之知识，且富有金钱与坚甲利兵，此三者如三矢并发，洞穿吾胸；吾人所有，非儒非佛，其极必至疲惫不敢与之抗（由通商而言，由殖民而言，由坚甲利兵而言，吾人均处不能抵抗之地，若传教，则吾人受儒佛薰陶至深，西人颇不易为力）。故西人之来，吾人始则拒之，继则畏之，畏之不足，一变而为谄媚之。是以今日吾国对外人有两种不同之态度：一曰顽固派，以中国固有文化尽美尽善，不屑模仿外人，因之避外人若将说焉，盖即畏之也；一曰维新派，处处模仿外人，鄙弃吾国之固有为不足道，汉儿学得胡儿语，争向城头骂汉人，维新派有之，是则谄媚之也。避之媚之，两皆大谬，于是有折衷者出，非守旧，非媚外，而欲以学术思想根本改造吾之文化焉。民国七八年之顷，倡为民主与科学并重之说，即世所谓五四运动者也。然言科学须提倡实业，须有资本，须有专门人才，吾无有也；言民主则国会制度须完备无缺，吾无有也（乃至吾国今日仅有之国民参政会，亦名存而实亡）。抗战以还，军火工业，悉操诸外人之手，而一息仅存之民主制度，其不亡者亦仅矣。瞻念未来，吾国之文化前途果将何若，诚有令人不寒而栗者。以谈本位文化，可否以四维八德之提倡，为已尽其能事；以谈全盘西化，可否以多购物资为已尽其能事，是大可深长思也。今吾国所持以抗战者，仍为吾祖宗之遗产；潜存民间，苟延残喘以保持至于今者，其表见悉在于农民，而今日民力已几于竭矣。深渊在前，虎狼环伺，设一失足，则万劫不复，此诚吾国危急存亡历史上最惨的时代也；此诚吾人再不能自满自足，而应战战兢兢，临深履薄，戒慎恐惧的时代也；此诚不宜再作中兴鼓吹，而应满含眼泪，为中国文化找一出路的时代也。否则犹太人亡国灭种之惨，即为吾人之写照矣。吾尝言之，今日之抗战纵极难苦，抗战后之艰苦更不知将若干倍于今日，譬之殡仪，葬后之凄凉，令人将转忘出殡时仪仗之盛。吾人今日不知努力，抗战后或有求如今日艰苦而不可得者。然则何以救之？曰自救个人始，个人有办法，国家始有办法，此甚要，当于《质文》篇详论之。

（七日十二点半抄毕）

内篇三　六艺

（觐高笔记五月十日下午二时至四时）

昔人治经，往往拘于门户，致有今古之争、汉宋之争。五四而后，复有对经学发生怀疑，倡为废经之论。而亦有视经为史料，以纯科学态度研究之者，遂与今古之争、汉宋之争并立，成为经学中之四派焉。今就所知稍加论列如次：

先论六经定名。六经或称六艺（刘[1]歆《七略》有《六艺略》），孔子时无此称也，《论语》中亦无以六经教弟子之记载，然细按之，则夫子固尝以礼乐教弟子矣。颜回曰："博我以文，约我以礼。"是孔子以礼教也。曰："由之瑟，奚为于丘之门"、"子击磬于卫"，是孔子以乐教也。《论语》

① 整理本"刘"作"○"，《七略》为刘歆所作，故补。

论《诗》之处尤多，而《书》则少，论及《尧曰》一篇，是否孔子所说，疑未能定。孔子作《春秋》之事，《论语》无明文，称《易》之处则有："假我数年，五十以学《易》，可以无大过矣。""不恒其德，或承之羞。"其下文曰："不占而已矣。"未能遽指此曰孔子尝以《易》教也。《论语》"子所雅言，《诗》《书》执礼，皆雅言也。""子以四教：文、行、忠、信。"又曰："德行：颜渊、闵子骞、冉伯牛、仲弓；言语：宰我、子贡；政事：冉有、季[①]路；文学：子游[②]、子夏。"孔子之教弟子者，如此而已。

《庄子·天道篇》："孔子……繙十二经以说。"或曰十二经即六经六纬，实则《庄子》之所谓十二经[③]者，未易知其果何指也。《礼记·经解》："絜静精微，《易》教也；恭俭庄敬，《礼》教也；温柔敦厚，《诗》教也；广博良易，《乐》教也；疏通[④]知远，《书》教也；属[⑤]辞比事，《春秋》教也。"此《易》《诗》《书》《礼》《乐》《春秋》次

---

① 整理本误作"子"，据罗庸校定本改。
② 整理本误作"由"，同上。
③ "十二"或为"六"字之讹。
④ 整理本误作"迩"，同上。
⑤ 整理本误作"展"，同上。

第，即为《汉志》所本，后之《隋书·经籍志》，逮清《四库全书》，莫不效[①]此。《周礼·地官·保氏[②]》："养国子以道，乃教之以六艺，一曰五礼，二曰六乐，三曰五射，四曰五驭，五曰六书，六曰九数。"（又"大司徒之职，以乡[③]三物教万民……一曰六艺"，六艺次第同此）自汉人以《易》《诗》《书》《礼》《乐》《春秋》为孔门六艺，因别称礼、乐、射、御、书、数为古之六艺焉。《周礼》本为晚出之书，然亦保有不少古代原料，此六艺或即古之六艺（《论语》论射御处甚多，书数为小学之事，故未论及），《易》《诗》《书》《礼》《乐》《春秋》六经之名当起于战国，此证以《论语》而可见者。《论语》凡孔子弟子所记多称"子曰"，多单句；凡称"孔子曰"者，则多再传弟子所记，文多成格套（如尊五美，屏四恶，君子有三畏等），《礼记·经解篇》已有整齐之六艺理论，是知六经之说或已定于春秋战国之际也。

至汉而有今古文之分。今文靠口传，重大义；古文靠简

---

① 整理本误作"放"，据罗庸校定本改。
② 整理本误作"民"，同上。
③ 整理本误作"师"，同上。

册，重训诂（清人尤重训诂）。至宋而又有汉宋之争，汉学重考据，宋学重义理，因之各经显晦亦随时代而不同。

古之六艺与孔门六艺不同者，六经无射御书数，古六艺无易诗书春秋，（古射御或当有经，由《礼·大射》可以推知）。而礼乐居六艺之首，则其所同者也。吾人在古代文化方面着眼，从孔门教学态度着眼，则六经次第《礼》应居第一，《乐》第二，《诗》第三。《诗》为乐词（乐言其音调，诗指其篇章）；《书》太史所掌，是书已包之于《礼》之中；《春秋》亦太史所掌；《易》太卜黴所掌，均应包括于《礼》；《诗》亦应为国史所掌，《大雅·生民》《小雅·六月》即是史诗。史诗乃诗的正宗，诗人即史家。卫宏《诗序》“国史明乎得失之故……”云云，可证。此章实斋[①]所以有六经皆史之说也。由是论之，《诗》应居《书》前，《春秋》应列《书》后，《易》为卜筮之书，实如禅宗之教外别传。以此意排六经次第，则当为《礼》《乐》《诗》《书》《春秋》《易》。然《经解》何以置《易》于六经之首？盖战国之末，秦汉之初，六经

① 整理本误作“齐”。

逐渐成系统化、哲学化，故置《易》于首，其余五经遂与《易》成为一种有系统的理论，此盖儒家与阴阳家合流之结果也。有一旁证焉，即由荀孟之别亦可得窥六经之次第。孟子通五经，尤长于《诗》《书》（此语不见于《孟荀列传》，见赵岐《孟子题辞》，觐高附注），是以法先王，盖长于《诗》《书》，未必长于礼乐也。荀子隆礼乐而杀《诗》《书》，故法后王。《劝学篇》“《礼》《乐》法而不说，《诗》《书》故而不切，《春秋》约而不速”云云，故继之曰：“学莫便乎近其人。”荀子视《礼》《乐》在前，以六经为经世致用之学；孟子以《诗》《书》在前，视六经为义理训诂之学。盖荀子深得孔门立教之意，为儒家正宗；孟子实为儒家别派。（汉时荀孟并称，隋唐之后，贬荀尊孟，至宋而极）是以读六经者，只见其训诂名物而不知经世致用也。然由荀子至于韩非李斯，儒家一变而为法家，孔门以六艺设教之意，经数度变迁，原始精神盖不可复观矣。

今依新次分论之：

一、《礼》：《说文》：“礼，履也，所以事神致福也。”古者国之大事在祀与戎。礼，国之大事也。今所见者三礼：《仪礼》《周礼》《礼记》。《仪礼》为礼经，今存十七篇，汉人称之为士礼（所谓“推士礼以至于天子[①]”），实属记录节文之书。如《聘礼》《燕礼》所记，盖一礼节单子而已。就今所见之十七篇而论，知《仪礼》来源甚古。《仪礼》形式多仿自周人，至春秋仍通行，然《士丧礼》，祝有夏祝、商祝、周祝，夏祝、商祝即夏商仪礼之残留，可知其源甚古也（惟夏祝、商祝于丧礼中执事殊少）。《士昏礼》《士丧礼》篇后皆有义，此即《礼记》，约为老儒解经，弟子笔记，本与礼经有别也。

今之社会学家读《仪礼》，目亲迎礼之为掠夺婚姻；新史学家读《仪礼》，目之为蛮性的遗留者。细按《仪礼》概非无故，《士昏礼》后之《昏义》，若与《礼记·昏义》相比，则知《礼记》曲解处实多，然则墨守经传欤？抑从社会学者与新史学者之说欤？此孔门教学态度所宜先知，否则必生无所适从之苦。欲识孔门教学态度，必先识仁，仁者“大用流行”之谓（宋人曰“天理流行”），完全看重自己的生命，亦即全人类生命之谓，把人生看成活的，动的，向前进的，以人为主，以物为偿，不仅不随物转，且不容身外之物停留不进，因如此则有

① 整理本误作“下”。

累有遗。此为孔门讲学主旨所在，足以对于历史上的遗产，可用者用之，其不可用者革之，可以存在者因之，其不应存在者去之，一切外物均须顺我的条理，我不能就它的范围（如茶杯本用以饮茶，若以饮酒即可目为酒杯），孔子于此认识极为透彻。故礼已由野蛮入于[1]文明，孔子乃利用之，使之更文明，且追而使人忘其野蛮之一面。人的地位高，一切皆我的注脚，一切皆为我所用也。《仪礼》原由野蛮而来，然至孔子面目已为之一新，盖孔子学有根源，故能贯之以道。不明乎此，扬甲抑乙，要为不通之论耳。（《五礼通考》为读礼必读之书）

《戴记》，仅有少数篇目真为《礼记》（如《冠义》《昏义》皆有《仪礼》为经），其他各篇凡七十子后学所记均收入，实为儒家一大丛书。由汉晋至唐，学者多注意《昏义》《丧义》，甚少理会《乐记》《学记》《仲尼燕居》各篇，犹存古意。宋人反是。此为讲学态度之转变。今欲分析《礼记》内容，则殊不易，《韩非·显学》所称之八儒恐皆包有之。《王制》《月令》《投壶》《深衣》所记皆为礼学专篇，既非释经之传，亦不得称为儒学。《大戴记》多曾

① 整理本误作"与"。

子语，若合二《戴记》以分析儒之派别，则讲《论语》可无笼统浮泛之病，然则此非本篇所论者矣（清人除朱彬《礼记训纂》，孙希旦[①]《礼记集解》外，尚无佳疏，仍待重作）。

《周礼》本《周官经》（以别于《尚书》之《周官》）。《冬官》亡佚，汉人补入《考工记》。古文家尊《周礼》，今文家则斥为刘歆伪造。《周礼》中盖有丛杂不全的古史料甚多，曾经刘歆整理，然亦不可一概斥之为汉人伪造也（如《周礼》论《诗》六义之次第，曰风赋比兴雅颂，甚有根据，盖得古之遗意）。《考工记》为晚出之书甚易见（由地理考之似为晋人之书），《记》中以燕秦胡并举，是则战国时之说也。后人以《周礼》配《仪礼》《礼记》，称曰“三礼”，所包至广。盖儒者以礼为本，荀子隆礼，其意深远。欲治六经必先自治礼始，此大本大原也。（礼之用，《礼乐篇》再详论之）

二、**《乐》**：《乐》无经，《诗》三百篇即《乐经》（《乐记》二十一篇，《戴[②]记》合为一篇）。汉文得乐人窦公善说乐，然亦只记其铿锵鼓舞而已。是以《汉书·艺文志》曰“周

---

① 整理本误作“孙衣言”。

② 整理本误作“载”。

衰俱坏，乐尤微眇，以音律为节，又为郑卫所乱，故无遗法”云云。大约古乐无谱，仅赖口耳相传而已。《尔雅》：“大版谓之业。”《左传》：“臣以为肄业及之也[①]。”后人乃误以业属乐谱，盖不然也。《汉志·诗赋略》著录“《河南周歌声曲折》七篇，《周谣歌诗声曲折》七十五篇”，称之曰曲曰折，推想汉乐谱盖字旁尽有曲折也（汉人乐谱已不可见，唐乐谱字旁有曲折，《大藏经》《鱼山集》及道藏中有之，约略可以推见汉乐谱之大概，至歌态舞容，征之故记亦尚零星可见。然晋唐而后，学者聚讼，唯在吹律旋宫，乐学日益湮毁矣。（乐之用，《礼乐篇》详之）

三、**《诗》**：《诗》即乐章。今人所聚讼者为《诗》系孔子手订抑系民谣问题。余意论《诗》有必须注意者二：读《诗》不能忘记音乐，一切解释均不能离开音乐，根据音乐解释，则可知《二南》何以编排在前，《周颂》何以在后。旧说以《诗经》按照年代编排，由音乐见地论之，此说甚谬。诗之内容代表周代文化面目，不必多牵涉孔子与先王之泽，而比较各地风诗之异同，则甚重要。就篇章字句而言，以音乐为之纲领；就

① 整理本误“之也”为“亡”。

诗的内容而言，以周文化作为纲领，由此读诗距诗意必不太远。《论语》：“诗三百，一言以蔽之曰：思无邪。”“诗可以兴，可以观[①]，可以群，可以怨。”为读《诗》最重要见解，名物训诂抑其次也。

讲《诗》不必从毛，亦不必从三家，将古书中讲话之处连缀来讲，则必多所通解，如此则汉儒拘泥可以打破。盖三家与毛不同，宜汇通不宜墨守也。朱子从白文观《诗》之大义，其方法甚为可取，惟拘于三体三用之说，其极必言美刺，是朱说大病。近之说《诗》者，悉能打破旧说，惟多忘记《诗》乃代表周文化的面目，以是多浮浅不切之病。诗教不如是之卑也。（此节未尽之意，《文章篇》详之）

四、《书》：今古之争可置勿论，仅就二十八篇言之，则《书》之面目已非固有，其中必多改动之处，如《盘庚》用语与用字是否为商代的即颇有问题也。《书》之内容颇为丛杂，如《牧誓》《大诰》《酒诰》仅为命令，《顾命》则多陈丧礼，与《尚书》之体不合。《吕刑》为中国最古法律条文，《禹贡》与《礼·王制》性质为近，如此《顾命》并

---

① 整理本误作“理”。

入《仪礼》，《禹贡》并入《礼记》，始与《尚书》记言之体相合。《洪范》一篇所托，或为阴阳家言，或为礼官之语，盖为后人连缀[①]而成。而于行文之前加“武王胜殷，杀受，立武庚，以箕[②]子归，作《洪范》”的帽子而已。设将书中各篇归类整理之，则知《尚书》材料极不整齐，盖残缺亡佚者多矣。

《尚书》所记武王伐纣事与儒家说合，而《逸周[③]书》所记则适相反（此书多战国纵横家色彩，然亦有真的史料保存其间，此治古史者不可不知），盖儒家所论文武，往往使之典型化，汉人托古改制之说即本斯意而来，读《书》者不可泥也。

五、《春秋》：非鲁史专名（《史[④]通》“六家”“二体”所论甚精要，可参看）。因古今文之不同，三传之微言大义亦有不同，古文家不能离传而独解经，今文家则专从书法着眼，是以《公》《穀》简略，《左氏》繁详；《公》《穀》多言劝惩，《左氏》则详于史实。

于此有宜论及者，《左传》与《国语》为一书？为二

---

① 整理本误作“惙”。

② 整理本误作“萁”。

③ 整理本误作“用”。

④ 整理本“史”作“〇”，“六家”“二体”之说是刘知几在其《史通》中总结史籍源流及体裁时所提出，故补。

书？《左传》究解经与否？

《左传》本晋语（高本汉说），与《国语》原为一书，钱玄同先生《新学伪经考序》[1]论之甚详。然文字颇有不同：《国语》文字较古，《左传》较近；《国语》讲典章制度亦古，《左传》则近。《周礼》《国语》对古代典章制度之面目，存真为多。《左传》则多改易。《国语》文字繁复，亦疑有后人改动之处。《左传》本不附经，后人乃引传附经耳。《左传》论礼多与《周礼》合，此必后人改动，然是否为刘歆则不可知。《左传》中之“君子曰”三字，约为后人所加批语，后世不察，误入正史，此与《左传》真面目甚有关系，故特及之（《左传》中去“君子曰”则文义甚连，可知为后人混入正文）。至《春秋》“尊王攘夷”“三世”“三统”之说，则属西汉之学，故不论云。

六、《易》：《易》本难解，今则解《易》者纷出，而《易》愈趋难解，然若众家系辞，专看卦辞爻辞，则知《易》实为卜筮之书，本阴阳家言，论为官守，则属太卜，此《易》之本来面目也。京房所论仍为《易》之真面貌，焦延寿《易林》、杨子

---

① 编者按：此文原名《重印新学伪经考序》，后以《重论经今古文学问题》发表在北京大学《国学季刊》第3卷第2号上。

云《太玄》[1]皆循此系统而来，十[2]翼则为儒学，然终汉人之世未为显学。逮王弼注《易》，《易》遂变质，成为哲学上的最高宝典，其流遂成南北朝三玄之学。宋儒谈性理，亦从王弼转蜕而来。自周敦颐《太极图说》至朱熹《易传》，《易》与阴阳家若合若离，关系始终未断。《易》本非儒家之书（近年甲骨出土渐多，多有以甲骨文字解卦辞爻辞），以儒解《易》，当为七十子之后，与阴阳家打通而成的儒之别派。《易》之"子曰"恐亦非孔子语，盖以《易经》义理与《论语》之仁，实为两途，与《中庸》《大学》《礼记》所记反为一类，然在哲学上实极其高明也。

王弼注《易》，所据为老子义。盖《易》为占卜之书，多语人以趋吉避凶，与《老子》为近。道与阴阳本源同而路殊，宋儒讲《易》，多不能脱离阴阳与道，盖"变易""简易""不易"均为老子之学也。治学者从《易》入手，往往流于纯理哲学，流于玄想而不顾实用，彖[3]象系辞所论，本甚圆融，意通于《论语》之仁，然仍为外在的，仍与老庄为

---

① 整理本误作"焦延寿、易林、杨子云、太玄"。
② 整理本误作"子"。
③ 整理本误作"篆"。

近，而与儒说为远，（尚记民国二十年客杭州，熊十力先生称马一浮先生曰："正法眼藏。"盖马治学以六经为主，熊自《易》入手。熊又曰："儒家毕竟正大。""正大"一词甚得儒家真面，附记于此，为解儒与道之一助焉）。余意由卜辞以明占卜，由王弼卜[①]论三玄之学，由儒之《学》《庸》以论《易》，三家融会贯通，夫然后《易》之真面灼然可见。若以《易》包括六经，则《论语》之仁不易见。《汉志》列《易》为第一，此正为阴阳家含射儒家之结果，几微之处不可不辨也。

七、《论语》《孝经》《尔雅》《孟子》：《论语》大意已见《识仁篇》，《孝经》为初学之书，《尔雅》则为字典，《孟子》至唐后始尊，至宋而有十三经之目，至此经之意与古书无别矣。（段玉裁尝主张多加《说文经》为十四经）

分段论之，则前乎孔子之六经应为一段，自孔门弟子至汉初为一段，汉世今古文之争为一段，自东晋至南朝末为一段。东晋礼学最发达（礼中丧服最发达，此盖渡江而后，极力尊重门阀家族，示不忘本，且别于异族也），《诗》《书》《春秋》之

① 结合上下文，此处"卜"当为"以"。

学渐微，至唐转为义疏之学，不过为传笺圆谎而已。经自可贵而笺疏俱不足贵。唐代《孝经》为家弦户诵之书。宋儒讲《春秋》，严夷夏之辨，治《诗》改重《序》，《尚书》之学发展甚少。在科举制度提倡之下，四书、礼家皆成显学，此风至清不变。清儒治训诂，于旧说多有更订，厥功亦伟。民国而后，怀疑经书之风起，复古之士乃倡为尊经之说以相抗，然多无识，固不足以张其军。夫离经则无中国文学，此经学之不可不讲也。然经学固多歧途。以上文所言为纲领，则不致徘徊，待其大义既明，再以儒家论仁之意融贯之，则四辟大通，无甚窒碍矣。

外篇三　质文

（觐高笔记五月十六日晚七至九时）

“质文”一词取《春秋繁露·三代改制质文》篇之意以名篇。

一、质文之争在历史上的发展。先秦之时，自孔子至战国末年，有二问题焉：曰文质之争，曰夷夏之辨。《论语》：“棘子成曰：‘君子质而已矣，何以文为？’子贡曰：‘惜乎夫子之说君子也，驷不及舌[①]。文犹质也，质犹文也，虎豹之鞹，犹犬羊之鞹。’”“子路曰：‘有民人焉，有社稷焉，何必读书，然后为学？’子曰：‘是故恶夫佞者。’”盖棘子成、子路有从质之意，孔子则偏于尚文也。孔子曰：“周

① 整理本误作“者”，据罗庸校定本改。

盛于二代，郁郁乎文哉，吾从周。”又云：“文质彬彬，然后君子。”但又曰：“先进于礼乐，野人也[1]；后进于礼乐，君子也。如用之，则吾从先进。”又曰：“衣锦尚絅。”又曰：“绘事后素。”又曰：“礼云礼云，玉帛云乎哉。”邹鲁文化原失于文，孔子虽从周，亦不愿文之远胜于质，此等处皆可见。夷夏之辨，孔子之时尚不过严。“子欲居九夷，或曰：‘陋如之何？’子曰：‘君子居之，何陋之有？’”可证。至孟子则曰：“吾闻用夏变夷，未闻变于夷者也。”至西汉而此两派均成熟，寖假为中外文化之争。《史记·周本纪》“夏尚忠、商尚质、周尚文”之说，盖战国前文质争论之结局。至董仲舒《三代改制质文》云云，则文质之论一变而为制度问题。公羊家大一统，于是孟子“用夏变夷”之说，一变而为内中国而外夷狄，在大一统的观念之下，内外实一假名，故公羊家云：“夷狄进于中国则中国之，中国进于夷狄则夷狄之。”夷夏之辨仍指文化而言，未有民族界限存乎其间也。此论能使国人扩大其文化的观念，然使人忘记民族则其流弊，应注意。东汉二百年间此论渐衰。两晋之后，夷夏之辨又起，盖感于佛教之来，不得不严夷夏之辨以御之。东晋时，外患

① 整理本脱“于礼乐，野人也”，罗庸校定本已补入。

侵逼，土地沦丧，夷夏之辨复盛，惟公羊之学转不能行，而吾族气度日趋褊小（顾欢有《夷夏论》，亦为佛教而发）。唐人几无夷夏之争，文质问题亦少论及。逮及北宋，周程诸子出，深知文胜质之弊，乃以理学为天下倡。理学之要在变文从质，注意乡党邻里，使文化在下层社会中植其根基，中国文化至今能在民间有深厚之基础者，理学之功盖不可没。宋后文胜质之弊滋甚，除理学家外，殆少有人注意矣。今人所喜谈之文明野蛮问题，实即历史上文质之争的旧问题也。

二、**质文之迭代**。文化之进展为新陈代谢的，老子：物壮而老，是谓不道，不道早死。佛说：成、住、坏、灭四劫，皆有见于生灭之实相，盖文化进展实为多元的抛物线，所谓前水复后水，古今相复流，绘图示之，有如下式：

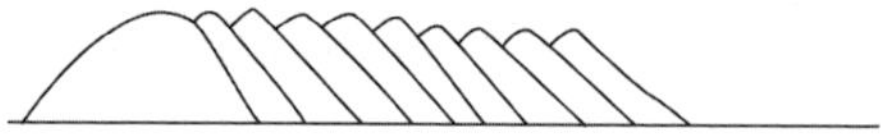

当线之未升起时为质，线在半路为文，最高处为最文，物极必反，故至极高处则渐就衰落，其极渐就消灭。历史不停地进展，文质即不停地迭代，及宇宙之所有，生生灭灭，互为消长，新质生长，旧文衰落，生长衰落，实同时并现于宇宙之间。子在川上曰："逝者如斯夫，不舍昼夜。"当参之。吾人设能了然于此种变化，则必不至攀缘一线，与之偕亡，而将与之偕行也（但非朝秦暮楚之谓，应细辨之）。依此而论夷夏问题，实不成问题，必如此方能成文化之大功，以其对象为全人类，而无国族之私也。此意扩大言之，有类邹衍谈天。论史者每视史迹为追言陈迹，吾人试一纵观，则由天文地质至生物一线之发展，实平铺于此世间，未尝消逝。吾人可想象，太空中必有不可计数之星球在生在灭，其生其灭为同时平列的。人亦如此，有方生者，有已为壮年者，有已衰老者，平列观之则可喻文质之迭代，实如大海浮沤。盖时间与空间原为假名，可以纵观亦可以横观也，一人乃至一民族能随文质迭代前进，则必能紧随好的文化前进。一人乃至一民族，其处理文化之态度悉应如此。

三、中国近代文化之分析。此意与《文化篇》所论相衔接，若平面的来看中国近代文化之表现，则西化未至中土之前为一期，西化东来后为一期。

在第一期中，中国文化之表现为：

1. 向内的。向内的态度为儒家的态度，为归纳的而非演绎的。然孔子言好学，好学乃为由外而学，外学既博，守纳始有把握，故向内之力实以向外的无穷伸展为其根，后之学者未明乎此，以是仅只做到向内收敛的工夫，其弊致使整个民族拳屈不伸。凡畏首畏尾，各人自扫门前雪，皆拳屈不伸之表现，父以是传之子，子复以是传之孙，其极成一定型，使全民族僵化而不能动；愈僵愈不能动，愈不能动则活动力愈小，其表现于外者则为私，盖自顾有所不能，固无暇顾赡外人也，间亦有一二发扬蹈厉之士，盖如凤毛麟角者矣。

2. 静止的。中国社会为一农业社会，农民动息，悉靠天观化，因之遂成静止状态，其极滞而不流，多类庄老。试访之农村，往往见有一张木桌，可安置房中至百年而不移动，尘垢满布，不之顾也；其他行事作息多类此。今日如此。明日如此，今年如此，明年亦复如此，一切滞而不流；滞而不流必致腐烂，因之外形徒在而内容空虚；表现于外者则为弱、无动力、无勇气、无创造。复因静止不动，生活之训练减少，是故愈不能博学，智识因之日趋衰落。

3. 超悟的。先哲遗教太成熟，每使无学又无经验之国民，流于超悟——超悟云者，凭空悟出道理之谓。超悟为智识的早熟，而所悟的道理，则多为饱经世故的智识，实则其日常行为多幼稚可笑，现极端愚蒙状态，此实一极端矛盾现象。在此种矛盾状态下，国人原不易为活也，然庄老之教人者，正期其如此。老子云：“专气致柔，能婴儿乎？”又曰：“我独泊兮其未兆，如婴儿之未孩。”皆是此意，此超悟的智识似甚高明，然一与人接触，其表现则为愚。盖超悟的智识，置之实际，了无所用也。

4. 形式的。中国文化之为外僵内空，前已言之，内力不足以运用外在的行为，其极必成为形式的，一切家庭生活社会生活莫不如此。形式的表现则为华而不实，处处从虚浮方面用功夫，不切实际，无其实而有其华，其极必伪。

中国过去的文化，上述四者足以尽之，而四者皆文胜质之弊（私、愚、弱显然可见，而伪则不易见，盖伪与不伪遇，不伪者不易识破伪者之为伪也）。然则中国之不亡，果何所赖乎？曰赖有人焉。受中国文化流弊的陶养尚少，故能支持国命于不坠，此其人则边远之民及下层的农民是也，以其文不足而质有余。譬如蜡盏，盏心之蜡烛已融化无余，而仍能发微弱之余光者，盖有赖于蜡盏边沿的蜡泪与盏底的蜡油在也。中国之文化亦类此，边沿的蜡泪即边远民族，盏底的蜡油即下层的农民。持此以支持文弊之国家于千年之久，其亦殆哉危乎？

次言第二期。设西洋文化与中国文化为固然的交流，则吾人不应有文化侵略之感，然西人态度为工业文明孕育下的帝国主义的态度，是以吾人不得不以帝国主义目之。帝国主义之侵略，其术有三：曰经济，曰武力，曰文化。三者之中以武力侵略为最弱，以尚力者最无力故，此吾人所以不重视抗战问题。以经济侵略为最可怖，近百年来外人之经济侵略，使吾国增辟大都市甚多，如上海天津是，吾国旧有安贫寡欲诸美德，悉为之击毁，国人欲望提高，昔之屏居于乡村者，自是群趋都市以为得计。都市的发展，必有大的工商业为之基，若依于手工业与农村之生产，必致发生都市与农村远不相及的现象，其极必至农村的生产者亦流至都市，竞为消费，于是吾人仅有的农村生产，遂悉数投掷于都市无底的深壑之中。都市如疮，乡村如血，疮口溃烂之后，全身精力行见全为抽尽矣。中国近百年来之文化问题，此为最严重。

外人之经济侵略方来，吾国之贫穷立见，然国人仍在都市粉饰门面，财用不足则竭泽而渔。吾人之商业基础本甚薄弱，欲望既已提高，另一面则为道德之堕落，前所言之私愚弱伪，于是愈趋于烈，而不可挽救。以言都市，则为私人企业在变态经济状态之下牟利营私；以言农村，则愈榨愈贫；以贫之故，农村子弟益趋于弱，亦以贫之故，农村子弟无受教育机会，因益趋于愚；其在都市者，则巧取豪夺，相率为伪。西化之来，使吾人缺点愈益显明，进一步且使吾人仅有之质亦空，而文的架子亦倒，此皆经济侵略有以致之，此皆经济侵略之所以极端可怖者也。于此不谋解决，中国前途将绝望。

文化侵略较经济侵略为简单。如前《文化篇》所说，文化本无固宜，端视客观条件如何而定，唯西人伦理道德与吾人不同，西化之来，吾人首遭破坏者，厥为旧的家族伦理，而新的社会伦理道德，复不能建立，形成一混杂不清之现象，世风不古之叹以此而生。复次西人思想输入吾土，亦使吾人固有思想为之动摇。设吾人能消化接受之，则此外来思想本不致为病；然吾人早已僵化，胃纳不强，老者食古不化，少者食今不化，一切营养转足为病。至是，吾人之社会组织文化思想不得不呈极端纷乱之象，言文化为愈来愈空，言社会为愈来愈乱。此两种现象，就整个中国文化言之，则实质不及文、文过于质之必然结果，可以一言尽之者也。

然则吾人将如何自救，始能免于颓坠倾覆也？曰自变文从质始，厥目有三：一曰民族的变文从质，二曰经济的变文从质，三曰文化的变文从质。今试论之：

1. 民族的变文从质。凡一民族，在老的文化孕育之下，必日趋于文，日趋于弱。救之之道有二：依历史推移为人种的混合，一民族遇有新血统混入，往往可使民族转弱为强，民族精神为之重振，隋唐之强可为证明，此为人力之所不及者。依赖教育之力，此为人力之所能及者，如何教育未来的青年，有关于国家之盛衰者至大。前在广州，岁时伏腊，必买轮由港回沪，轮中见自海外归来之侨童，其精神活泼，其一举一动均无过与不及处，盖无一不与国内儿童迥[1]异，此教育之环境使然。余每谓设能移民国外，必对吾国民族有大裨益者以此。（此节未尽之意，《学校篇》详之）

2. 经济的变文从质。何谓经济的变文从质，中国的小手工业与老式农业何以变质？曰：（1）使目前的经济生产从实际作起，一点一滴不落虚浮。（2）不再发展大都市，宜使都市的消费膨胀停止（虽不能使之倒流，然必不宜再使之畸形发展）。于此有应注意者：一就农业本身而言，吾人经济基础，适徘徊于农业与工业之间，若云以农立国，则吾人农业远不如苏联，且发展农业亦须工业为之助，以云工业则吾人缺乏材料工具，具如上述，建立工业亦非容易，在此青黄不接之时，吾人所应致力者，厥为能保存一分农村力量即保存一分，切切实实，不求装点，此则变文从质之起点。就使都市资金重返农村，盖大资本吸收小资本为经济学上之必然现象，若不设法使都市资金重返农村，则农村仅有之小手工业亦必遭破坏与吞灭，如何保护与鼓励小手工业与土产制造（如改良景德镇磁器等）使之稍有发展，使之屹立于经济动荡之中而不动摇，此为吾国经济之根本，盖不可稍有疏忽者也。至于现

① 整理本误作“迥”。

代国家云云，吾人至少在近百年中不应做此梦想（此节未尽之意《乡党篇》详之）。

3. 文化的变文从质。吾人之家庭组织何以破坏？曰以文胜质故；何以新的社会未能建立？曰以质不及文故。由大家庭变为小家庭，使全家人能和集一起，而复个个独立，则为变文从质，然社会的改变则反是，吾人社会本失之散漫，今日则期其合而不期其分，此与家庭之变文从质实相矛盾，于此有一必走的路焉，是曰乡党。（此意《乡党篇》详之）

社会有组织，则依于社会之一切文化始可建设，若社会无组织，则一切社会文化事业如博物院、图书馆适为社会表面的装点而已，无能发生意义与功效也，是以就文化而言，社会组织之建立极为重要。（余意详《文章篇》）

家庭社会由农业至工业，为中国明日文化必由之路，然必须基础打好始能有好结果，民族的、经济的、文化的变文从质所云厥意在此。

今再为数语以结吾篇。中国以农立国，其经济方式为自足的，无须于殖民远征与寻觅市场，然若以工业立国，则须奖励生产，其极往往成为侵略者。中国将来发展工业，将为帝国主义者乎？抑非帝国主义者乎？吾人敢断言曰：吾人必非帝国主义者，亦必不致成为帝国主义者，吾人以仁义立国，先哲遗教深入人心，仁义功利之别，吾人习之熟矣，今日端在求所以自胜，而武力侵略非所愿也。顾炎武曰：“有亡国，有亡天下。”亡国非吾人所惧，亡天下则吾人之所深惧。公羊家曰：“夷狄进于中国则中国之，中国进于夷狄则夷狄之。”吾先哲宏达如此，知吾人必不肯使天下与之俱亡也，然其本则在求所以自胜始，求所以自胜必自变文从质始。

（五月二十一日下午三时半）

内篇四　诸史

（觐高笔记五月廿三日、三十日晚七至九时）

今之灭人国者，必先灭其国之历史。盖一民族之存亡，胥视其民族历史意识之有无。今日政府所以提倡读史，实有见于此。本篇所论约为四段，曰史学，曰史识，曰史籍，曰史实。

先论史学。当先知旧史学与新史学之区别。刘知几《史通》、章学诚《文史通义》、梁启超《中国历史研究法》之所言，皆中国旧史学也。何炳松所译之《新史学》，则西洋近代史学也。又如今人吕思勉、钱穆之史学皆旧史学。中研院史语所之史学则为新史学。旧史学以传人为主，叙事记人多注以浓厚的感情，如《史记》之本纪世家列传，下逮司马光之《资治通鉴》，处处以人事为中心，其视历史之转移，悉有赖于人力，英雄则多生动飞扬，故其记载每多失之主观，而描写[1]，而客观的史实演变则少顾及。以此之故，宋代之前，著史家多而考史家少。自宋王应麟、欧阳修至清钱大昕、王鸣盛、万斯同、赵翼，史学家态度始略变焉。新史学纯持客观态度，以科学方法治史（近代西洋史学仅为史料学，威尔斯在英[2]不被称为史学家而称为思想家以此），视人类的活动为文化的活动，不使历史人物占过高的位置是其所长；其弊则破碎不能通观史事之全，且易视历史陈迹如化石。夫历史的活动为活的，非死亡的，视如化石其误甚矣。今以馅饼为例。馅饼之馅必为羊肉[3]白菜，何以必用羊肉与白菜，则以其为胡饼也，東广微（晳）有《饼赋》，所赋即此，以其来自西域也。凡历史上之事物，纵经千变万化，仍必于其意中保存原有之痕迹及雏形，盖历史上表面视如已死的陈迹，实未真尽死亡，此其一例。新旧二种史学往往不能相合，治旧史者诋新史学为破碎，治新史学者目旧史学为粗疏。实则旧史家若能用新史家所考定之史料，新史家若能用旧史家综合的方法以观史事之全，其成绩必有粲然可观者矣。

次论史识。章学诚《文史通义》称才学识三者得一不易，而

---

① 整理本脱“而描写”，据罗庸校定本补入。
② 整理本衍“国”字，据罗庸校定本改。
③ 整理本衍“与”字，同上。

兼三尤难，故旧史学特重史识。今之所论乃史观的问题，与此不同。历史意识（即一般人对历史的看法）能支配人之行为，此历史意识即为史观。中国之史观论盖起于孟子，孔子之学不重乎此，孔子对史非研究的态度，而为采取的态度（教弟子以《礼》为主，不以《诗》《书》为主，盖《诗》《书》故而不切，《礼》《乐》则有迹可循也）。《论语》："温故而知新，可以为师矣。"又曰："殷因于夏礼，所损益可知也。"又曰："周监于二代，郁郁乎文哉，吾从周。"盖孔子对历史之态度为混合前人的文化，使之成为目前的文化，不沉沦于历史的陈迹之中，于因革损益之外，不对历史前途作预测，由上所引《论语》数语，已可知其梗概。至于孟子则曰："五百年必有王者兴，其间必有名世者。"又曰："天下之生久矣，一治一乱。"以年代推论历史的循环，乃受阴阳家之影响，非儒者之所故有也，此五百年为一度的观念，视历史之一治一乱为有规律的循环，与孔子迥[①]殊。孔子曰："其或继周者，虽百世可知也。"又曰："君子之泽，五世而斩；小人之泽，五世而斩。"初无定型的历史规律。至荀

① 整理本误作"迴"。

子《天论》，以势论史，亦为活的看法。盖儒者不谈缘起，不讲结果。孔子答问生死，曰："未知生，焉知死。"处处从现实着眼，此其特点。至如生死之学乃为道家之说。老子之"道生一，一生二，二生三，三生万物"，万物芸芸，各复归其根，原始要终，视始终之间的一切变化为相反相成，故又曰："天之道其犹张弓乎，高者抑[①]之。"曰："将欲取之，必固予之。"皆其一贯的看法。庄子以生物观点看生死[②]，曰："万物皆出于机，皆入于机。"此亦老庄之所以不同。道与阴阳家为近，《易·系辞》："是故易有太极，是生两仪，两仪生四象，四象生八卦。"与老子"道生一，一生二，二生三，三生万物"之说同。《易》："原始要终。"故"知幽明之故""死生之说"，与老亦近。又曰："一阴一阳之谓道。"又曰："夫乾，其静也专，其动也直，是以大生焉。"原始要终相反相成之意，与老亦近。设先读《易传》，再转而读《老》《庄》，则三书义理彼此互明。至汉，《淮南子》为道家代表，其归宗为致用之学，如易服色，改正朔，然非史观也。《戴记》采道家之说，有《五帝德》《帝系姓》两

① 整理本误作"下"。
② 整理本误作"起"。

篇，成为五德终始的一套理论。公羊家三世之说，由据乱世而升平世而太平世，完成其大一统之说。《礼运》所论与之为近，乃知《礼运》亦非醇儒之说。（董仲舒三代改制，亦源于五德终始之说）古人对历史见解，由孟、荀至西汉已臻成熟，后转衰替。王充《逢遇篇》所论，乃个人遭遇，非所论于史也。由东汉至三国，史观之学中绝。北宋之初，阴阳家之说复盛，邵雍《皇极经世》实为公羊三世之说的扩大，后之星命家《推背图》莫不由此而来。罗贯中《三国演义》“天下大势，分久必合，合久必分”云云，实亦此种潜在意识为之主宰也。此种意识可名之为中国人的史观，此史观直至有清中叶无多变更，百姓之甘于吃苦受罪者，以对未来有所企待也。近百年来此种史观始有动摇之象，撼人最力者，厥为严译《天演论》。《天演论》之主旨曰：优胜劣败，物竞天择。其说以进化论为基础，极推之则为弱肉强食。此说首先流行于士大夫间，对循环说之信仰为根本之破坏，因有人定胜天之说。辛亥革命之起，未始非《天演论》有以导之，然天演之说于百姓之心理固无涉也。继之又有唯物史观之输入，进化论以生物学为出发点，近庄子；唯物史观以生产为基础，与中国固有之学渺不相干。故进化论之来，国人尚易于接受，唯物史观则非施以强力，国人不肯接受也。唯物史观之灵活运用，厥赖辩证法，辩证法与《易》《老》有近似处，辩证法能风靡一时者以此。于唯物史观之说致不满，而另为新说以倡导者，有孙中山先生之民生史观，太虚法师之自由史观，陈立夫之唯生论，最近贺自昭先生倡为精神史观。或持哲学的观点，或持经济政治的观点，然卒不能与《天演论》、唯物史观甚至一般百姓的循环的史观相抗也。吾人究宜持何种史观，此为本篇主旨所在。兹分二段论之。

一、史观的建立。史观应为历史归纳的结果，凡可称之为史观且为人所接受者，必有历史之根据。国人昔之论史者，多持循环之说（李仲揆先生之《中国历史的周期》一文，实以科学方法保障循环之说），然历史决非循环的，此不待攻而自破者也（循环之说只能为相似的比拟，绝无因果全同之事）。进化论以生物学为论据，其胜处在鞭策人，使之奋发自强，然人有文化，其他生物无文化，人与物固不能等量齐观也（孟子曰："人之所异于禽兽者几希。"所争在此）。唯物史观与中国文化适相反背，盖中国人非唯物的，中国人化物而不化于物，使中国人化于物，是使之欲东而反西走也（《礼记·乐记》天理人欲之辨，所争在此）。唯物史观可解释游牧以前之历史，以后二千年之历史，则唯物论所不能解。近人如陶希圣于此颇知留心，然亦未能建设新的史观。郭沫若之《中国古代[1] 社会研究》，左野袈裟美之《中国历史教程》，王礼锡之《物观文学史》等，于此皆无圆满之解答，数年前曾有中国社会史论战，亦无结果。以上三说在国人意识中均有地位，然均有缺点，此所宜明知者。

二、我对于历史的看法。不曰史观而曰历史的看法，其间略有分别，读者宜细察之。孔子言因革损益，不言历史演变由何种规律，亦不预定一规律，使历史就此范围，此温故知新鉴往知来之态度，正是吾人所应具之态度。知人心之所用，然则知古今人情必不相远，所谓他人有心予忖度之，千古人心原可互通也，以此态度读史，最无疵病。此须先识仁，盖具有见于人性之本然，始能不以一理自画，此孔子所以不立史观也。必不得已而陈第二义，则佛家缘起之说是也。以佛说建立史观，亦可近真，然终是下一层的道理，此宜先知。今姑定名曰业缘史观。盖历史的事实，自佛家观之，只是习气流转，互摄交融，成为业缘果报之总相。如由习气看历史，则历史本身非自由的，历史人物亦非自由的，此不自由之故，即为业力所驱使。如生为虎豹，则必以其他生物为食，此即业力，亦即习气。历史上一切现象莫不为势遏处此，盖前事为因，则后事为

---

① 整理本把“古代”误作“文化”。

果，果又为因，因又生果，因果循环不已，即成迭相倚伏之势。此意《荀子·天论》说之最明。今再举例明之。设以一木枝搭一斜板，自上端投掷一圆球，则其滚下之力与地心吸力成正比，不至平地必不终止。此力即势，亦即业力。明乎此，则知顺势者易为力，阻势者难为功，乘势之英雄亦不过适逢其会而已。《庄子》："当其时，顺其俗，谓之义徒；差其时，逆其俗，谓之篡夫。"与陆机《豪士赋序》："落叶俟微风以殒，而风之力盖寡；孟尝遭雍门而泣，而琴之感以末。"皆明此意。就佛说言，因不能生果，待缘而生，众缘具足，始能生果。如眼观物，以佛家缘生之说言之，眼有能看之因，物有被看之因，而不盲、有光、无障等众缘具足，始能生见物之果，一缘不具则不能结果。故佛之说法，有一法未足，则不能明万法，亦必须说尽万法始能明一法。以此义看历史，则知历史实众缘合和所现之假相。佛说缘生无自性，因其自性。是故吾人对历史人物不能责之太苛，亦不必过分重视。由此亦可知历史并非何等真正的大学问。程子尝曰："读史使人气粗。"因只看事象的转变，只看习气的转变。故吾人对历史的态度，亦不必用甚大的力量。《朱子语类》有言，深观世事不过一场儿戏（大意如此），正可解释此意。学问有本原，则历史之变化在吾人心目中有如儿童打架，实不值得用大力奉陪它，此即是智。然儿童打架至头破血流，则吾人必发生恻隐之心，而谋排解儿童使之停战，此即是悲。儿童打架至智悲双运即仁之体，如此则吾人读史能出能入，不即不离，转业而不为业转。苏玄瑛喜曰“不成问题”，此语甚好。如视历史为高不可攀，如今人所云“大时代”者，则处处成问题，一举一动皆不自由；自己为业所缚，安能转变时代？能知不成问题，始能超脱。此论虽近老庄，然亦为读史之一助云。业缘是幻，故不即，然业缘之根本仍是天理流行，故不离此意宜谛观。

（以下两段五月三十日晚七至九时讲）

次论史籍。钱穆著《国史大纲》，称中国史籍体裁最备，然细审之，中国史书实未为完备也。中国史籍之体裁，《史通》六家二体之说足以尽之。史体以《尚书》为最早。《尚书》以记言为主（《禹贡》《顾命》《吕刑》除外），《四库全书》史部所收诏令[①]奏议之书，皆《尚书》之支与[②]流裔也（《逸周[③]书》为尚书之变体）。次则《春秋》（春秋非鲁史专名）。《春秋》系编年体，《竹书纪年》属之。由《尚

① 整理本误作“会”。
② 整理本误作“典”。
③ 整理本误作“图”。

书》至《国语》，由《国语》至《左传》（传附经之后始随经编年），皆记言体而兼记事（《国语》兼记地域）。《战国策》初以言为主，再变而为《吴越春秋》，《越绝[①]书》亦兼记事。盖史书有五基础，曰时、地、人、事、言，五者俱备，记载条件始为完备。由此而论，中国先秦史书，记载条件实不完备也。先秦史籍专写人者为少，至类别古人言行作后人规范，此为诸子态度，史家无有也。至司马迁作《史记》而集其大成，先秦史体无不包括。如《史记》本纪、世家、列传，即兼《春秋》《国语》《左传》而有之，年表沿袭《春秋》，八书则为古昔所无，盖《史记》为诸子学发展后，与史学混合的结果，异于先秦之史学也。古昔史官秉笔，记人记事记言，不杂个人观点；《史记》则不如此，实司马迁一家之言而已（后人批评《史记》，多就作者观点批评，如东坡讥其退[②]处士而进奸雄，或曰是非谬于圣人，是皆以一家之言视之）。《史记》“世家”“列传”以记人为主，然非以一人为主，而实以一类人为主，属文化史而非政治史，此为史家与子家合流后必然的结果。然欲知与一事相关之所有人事，则须参看多

① 整理本误作“纪”。
② 整理本误作“近”。

篇记载（如世家、列传、年表等）。是以晋后有通史之要求。梁武帝作通史未成，后世载记之书亦或类小型通史，如魏崔鸿《十六国春秋》是。至唐杜佑作《通典》，将典章制度分门别类，编制成书，后有《通志》《通考》与《通典》共称“三通”。体制不同，而皆为欲作通史之准备工作。《通典》实为《史记》八书与《汉书》十志之扩大。至刘知几作《史通》，而中国史书体例发展已大致完成。迨《资治通鉴》出，而后通史之要求乃完全实现。通鉴以年系事，因事见人，实为杜佑《通典》后一新的体裁，其功至不可磨灭。唯其病在过重资治，笔削之处失之太多。自袁枢为《通鉴记事本末》而后，有记事本末一体，《史通》后之史体发展，唯此二者而已。至记地理制度之书，则随世增多，于史书中独立成一新面目，地理类书即河渠书之尽量的扩大，四库史部更广收政书，兵制、考工均包于史部之中，是《周礼》《仪礼》之支流皆入于史，使六经皆史之说更塙然有据矣。由宋至清，著史无新的发展，而考史则甚发达，如王应麟、欧阳修等，依据金石文字考订史事，且进一步辨别史料的真伪。今人能与新史学相衔接，实赖此为之桥梁。盖由史料的互核发展则为史料学，由金石文字考订史事发展则为考古学。

细论吾国史籍，不能惬人心者有六事焉：

一曰无专史。专史之作清代始略萌芽，如讲算学则有《畴人传》，论篆刻则有《印人传》，此外专史都付缺如，非唯专门学术不能建立，即通史亦无所根据。自西学东来，近人于此颇知努力，唯殊少超异的成绩耳。（北大之文学史分期即为此项工作之一部。）

二曰传记书籍太少。西人于科学家、文学家莫不有详细之传记，吾国于此独感缺乏。《史记》传人尚详尽，《汉书》已远逊《史记》，《晋书》以后尤见衰退。正史之列传不能见人之真精神，何贵其为列传也。即以孔子为例，此支配中国二千余年之至圣先师，亦只有《阙里志》与《孔子编年》所记为详，然亦不能于此见孔子之为人。中国历史重在人物之叙述，传记文学乃极不发达，此实一矛盾现象。

三曰无好的游记。记各地风土人情物产之书，能如法显《佛国记》、玄奘《大唐西域记》者实不多见。陆游《入蜀记》仅为日记而已，《徐霞客游记》本非尽善尽美之书，然已如凤毛麟角，欲求如《马可孛[1]波罗游记》一类之书，在中国实不可多得，此亦一大缺憾也。

四曰记古迹之书少。国人喜言古，而不知保存古迹（西人

① 整理本误作“荸”。

不喜言古，而古迹保存独多，如梵谛冈尚存有耶稣殉道时裹尸之毯，而吾国古物百无一存），是以记古迹之书甚少，自宋敏求《长安志》外，清代顾亭林有《历代帝王宅京记》，毕秋帆有《关中胜迹图志》，此外则不多见也，比之西人何啻霄壤。

五曰关于四裔外国记载的缺乏。外纪一类《史记·匈奴大宛列传》《汉书·西域传》所记虽略，尚属翔实。《唐书》以后则潦[①]草苟且，下逮《宋史》《明史》苟且愈甚，盖一方面由于史官之敷衍，将丛杂之史料拼凑成文，一方面由于民族心量耳目日狭，无实事求是之能力。故唐宋以后之外纪史料比之西人迨不及千分之一，此亦国耻之一端也。美人派克氏所著之《鞑靼千年史》（向觉明译）汉南北朝部分多用中国史料，然唐以后即罕用中国史料可证。

六曰社会现象记载的缺乏。《史》《汉》尚注意社会现象，故吾人尚能由《史》《汉》中窥见当时社会之面影。至《晋书》以下，则所记尽为一部分人的活动，社会面影已无由窥见，致使若干历史事实之社会的条件，晦昧不明，其失甚大。

持上述六点以论中国史籍，则知中国史学二十年来殊无发

---

① 整理本误作“了”。

展，仅在史料编制方面交换花样而已，吾人何能以此而夸示于人，曰吾国史书已完备无缺耶？（十年以还，余主张中国文学系应设传记文学一课，游记之写作亦甚紧要，盖此等人才正异日之写史专家也。）

尚有一义，亦愿于此论及之，即将来国史体裁之问题也。倘国史一如清史，则是一仍正史旧贯，决非异日之所宜。余意未来之国史，第一应为文化史（政治史包括在内）；第二应以专史为基础，作成综合的通史；第三与世界史联合，成为世界史中之一部。五百年后中国文化史在世界史中，将仅如国语中之楚语晋语，不然者，将沦为后之著史者之参考材料，必不能屹立于将来之史学界也。犹有进者，此后史籍必先由边沿做起，次第及于中央（意云必先明亚洲文化史，始能明中国文化史）。吾人所治之文学史，在史籍中所处地位甚小。吾人目前工作虽较前人进步，而比后人则仅为雏形，愈后当愈进步也。

末论史实。今以因缘业果论历史之变迁，知历史事实之起伏迭代全由"势"字，此为"势"的历史说法。先秦史为一期。读先秦史有应注意者：一为地理问题。商周对立，实东西民族之对立，如以黄河流域为主，则为上下游之对立，下游民族之活力不如上游民族，亦即东方民族不如西方民族，故周灭商。然东方文化固可掩盖西方文化，故孔子曰"周因于殷礼”也。此亦由于周民族气度宏伟，故能吸收而融化之。逮楚人崛起南陲，楚人北进，周文化南移，周楚隔淮汉成对峙局面，在地理上转为南北之局，自东西言之则曰夷夏，自南北言之则曰楚夏。后之文化形势，莫不为此二者相互推荡之结果。各民族互相兼并，至春秋战国而有五伯七雄。春秋齐晋秦楚之争霸，就地理形式言之，仍为商周、周楚之争的重演。霸者之起，儒家旧说则曰“王纲失坠”，以文化眼光观之，实为小部落之兼并，大部落之兴起。王纲解纽、天下纷争云云，第为儒者理想的说法而已。二为经济问题。周以农立国（商人喜饮酒，亦以农立国之证）。五伯崛起，于是有大都市焉（如临淄），有大都市斯有大商人。商人必剥削农人以牟利，于是有战争。战争厥赖兵与金钱之支持，于是农村必为战争所破坏，农民痛苦愈演愈深，至战国而造其极。是时诸侯养士之风起（或谋士，或讲学之士，如稷下学士），寄生于都市之人愈多，寖假成为一严重的社会问题。于是私家讲学之风大盛，各欲以私人之学易天下。然诸侯多目之为迂阔。盖实际的政治家且能辅佐诸侯富国强兵者，始为诸侯所喜。是故在东方，则管、晏为人所景仰，在西方商鞅为人所景仰。楚无法家，较秦为尚文。晋保有周文化为多，比之楚为尤文（如《左传》晋大夫皆彬彬有礼可证）。楚以民族力量向外扩张，齐晋为文化的保守，秦则为政治上的扩张，齐晋秦楚相互角逐，游说之士复应时而生，游侠之士亦应时而出。如荆轲、聂政，私门恩怨重于公义，盖游侠之士性情最真而心量最狭，故是以游侠能显名于战国之时，此其局面颇有类于今日世界列强之局面。设无周人大一统之思想为之基，中国亦几于一欧洲矣。秦汉史为一期。秦人魄力之宏伟，于历史上无其前例，"隳名城，投豪俊，"移富豪于咸阳，置戍卒，坑儒生，《诗》《书》百家之语，"悉诣守尉杂烧之，"百姓之"欲学法令者，以吏为师"，凡此种种皆为革战国之弊。此种大刀阔斧的精神，实远非周人所能及，然秦终归失败，此何以故？曰以周的文化存在之故也（文化基础在农村不在都市，在民间不在政府）。迨汉高祖即帝位，在历史上又创一新的局面，盖以平民而为天子前所未有也（汉高祖楚人，楚南公曰："楚虽三户，亡秦必楚。"至汉高果验），因之一切设施均与秦法迥[①]异。一曰重农折商，宏奖孝弟力田；二曰折法家与实际政治家而崇儒士（故汉高过鲁以太牢祭孔子）；三曰不使大都市过分膨胀，而复兴农村使之繁荣（此尤显见于文景之世）。此三者实为周文化之完成。于此可为一结语，曰

① 整理本误作"逈"。

亡秦者非汉，实周文化也。汉人喜楚辞楚声巫风，此为楚文化的表现，是故汉代文化又可称为周楚文化的合流。至如诸吕之争诸刘之争，就整个历史言之，实无关重要。至汉武，中国疆域扩张甚大，然与霸主或帝国主义不同。读《史》《汉》“武帝纪”，则知汉武之通西域，扩张疆域，为趣味的而非政治的、侵略的，此与西洋古代帝国雄主绝不相同。诸吕诸刘吴楚七国之乱以后，霍光行废立，后为历史辟一新页，故只能以周公辅成王自况。王莽之起，实霍光有以启发之。王莽魄力亦豪，然所以终失败者，以刘歆扬雄之徒皆为书生，原不知政治也。光武为一世豪杰，有气度眼光，有感人伟力，吾人比较《光武纪》与《唐太宗本纪》，则知光武之德纯厚过人。光武之时，一切制度社会文化均已成熟，故后汉二百年，国之大事只有帝王私家问题，而皇帝周围，父母妻子而外，复有宦官外戚。桓灵之世，君王或藉外戚以逐宦官，或援宦官以抑外戚，左右进退，应付为难，君王权势殆如强弩之末矣。东汉末何进董卓乘时而起，民众相聚而为盗贼（如黄巾贼），处士则横议国事，党锢遂兴，三者方式不一，其目中无视君王之尊则一也。董卓而后，人人知欲取政权必赖兵权，曹操即为循此路成功者之一。至孙权在吴，刘备在蜀，实为割据，故曰三国。历史遗之后世者，篡位与割据而已，此为中国史第三期之开端。晋有天下，知东汉之亡由宗室无力，故封八王，欲使八王相顾，共维晋室。然西晋之倾覆即在八王之乱。胡人乘之，遂不得不成南渡之局。东晋政治家如王导、庾亮、谢安皆有命世之才，以正始以来所培养的读书人的风格，加以东晋人固有之风格，其表现亦自可爱。然有一不良倾向，则凡北伐有功，必权倾人主使成篡夺，如桓温刘裕皆是，绵历南朝几成定例。梁陈之际，武力极弱而文化发展则甚高。隋唐之统一，即为政治上北方统治南方、文化上南方统治北方的表现，此于国史为第四期。于时有关文化而宜述及者有二端：一曰种族问题，由西晋至南朝，种族之见日趋狭隘，北朝之北魏北齐北周则心胸较阔大，隋唐沿袭此风，故能容纳诸侯，使唐的文化能向外扩展。二曰科举制度，西汉连系于农村与朝廷之间者，端赖郡举。晋宋以下门阀势盛，而上下之隔塞日深。隋唐之世，创为科举制度，白衣而登卿相者多来自田间，深知民间疾苦，故能沟通上下阶级之隔膜，此制度行之甚久，在中国历史上发生莫大之影响。宰相制度由是而起，如有贤相而无明主，国仍可治，有明主而无贤相，国必不治，此实有类虚君共和。然人存政举、人亡政息亦其弊也。唐后皇室之争，远不如汉之诸吕诸刘、晋之八王，此为强本弱枝之效。然中央集权之结果，使士大夫群趋都市，使只知消费而不事生产之人，成为政治上的赘疣，惟能以政治力量推行文化。汉唐不同在此，能成唐代文化之盛者亦以此。贤相不一世而遇，是故有姚、宋而有开元，有李、杨而有天宝，唐末后有吴元济、黄巢之乱，局面又类东汉末年矣。而与东汉不同者则为党争（起自牛李之争），以朝廷政治为个人争执意气之具，此祸至北宋南宋至明末止。朝廷日益空虚，民众痛苦愈甚，迨朱温起而唐室亡矣。第五期为宋元。宋初有天下，金尚未兴。宋太祖惩五代之祸，防患未然，尽释诸将兵权，宋之积弱由此而起。隋唐为征兵制，宋改为招募，且调换无定，兵之名虽存而实亡，国土既削，经济愈益贫乏，然赖有贤相如范仲淹、司马光，故能支持国命于不坠。北宋士大夫实有眼光深远不可[1]及者：一、司马光积十九年之力撰《资治通鉴》，网罗宏富，体大思精，其眼光实不可及。二、周程诸子知文化基础在农村，倡为道学，以“变文从质”为号召，其眼光亦不可及。三、王安石针对熙宁、元丰实际政治之弊，倡为新法，其眼光亦不可及。惟以推行太急，左右无君子，复以洛党蜀党攻击甚力，卒无所成，北宋亦随之俱亡。南宋高宗本一末世可怜君王，秦桧之用事，但因多知金人内幕而已。岳飞一片忠义，以权臣在内，无所施为。至韩侂胄

① 整理本衍一“几”字。

之伐金，则私欲为之主，等诸自桧以下矣。永嘉诸子欲以实用救虚浮之弊，然卒不行。南宋末之有文天祥、陆秀夫，不过理学余波之表现于行动者，国家贫弱达于极点，故元兵南来，有如摧枯拉朽焉。元托托与耶律楚材本蒙古人，至若张士诚之降元，许衡之仕元，则以国土仍吾固有，改朝换代不过视如传舍而已。第六期为明清。明太祖出而局面又变。明太祖杀戮功臣至尽，而燕王篡位，恐权臣专政，故废宰相，禁宦官干政，而有魏忠贤、严嵩，终明之世，宦寺专权，此皆非太祖始料之所及者。燕王蓄宦官为间谍，司察各路政事，设东厂，立宰相，于是宦官与权臣相互为乱，故外患一来遂至不能相抗。是时张居正投身而出。张之魄力眼光均似王荆公，万历之初亦有类宋神宗时，然张之局度比之王荆公为小，明神宗比之宋神宗犹不如。张执政未久，而明末外患、流寇、宦官交相侵逼，明社遂不得不日趋于消亡矣。然郑和之数下南洋，通使异域，使明人眼界开扩不少，此则宜大纪特纪者。后此，乃有徐光启、李之藻译西方科学书籍之事，此近代文化之开山也。明代科举制度其弊甚大，考试课目与民生无干，士之登庸者，虽登仕版，而于政治实无所知，只奉行故事而已。故明后有所谓刀笔吏者，左右官吏，无恶不作，此即土豪劣绅所由来也。中国社会之美德至明破坏无余，直至清末祸犹未已。满人入主中国，除挽弓射箭之外，悉皆同化于汉人，然其于汉人之学，只肯奖励博学宏词，于农村人才未肯培养。科举制度复使土豪劣绅继续滋长，外有强邻，内深积弱，是以辛亥革命不数月而清社以糜。

由明逮清，以迄于今，中国文化问题大体上无甚变化。盖欲使历史向前追，须由民间文化着手，民间文化有前途，中国始有前途，民间文化有基础，始能转人而不随人而转。然盱衡当世，自古历史上的问题，如权臣、外戚、土豪、劣绅、处士、党争、流贼、外患等，莫不另变一新面目而显然存在于今日。欲求今日之文化进步，则必须明了历史之演变。历史本由一代一代演变而来，故又非任何史观所能概括。历史之变迁原为“势”的迭代，此为生命的第二层活动。如吾人基本生命不动摇，则必可以转动此第二层活动，由此转读《识仁篇》，则知人人率性则天下有道，人人循习则天下无道，如此读史，方能不只在习气上打转也。是以曰读史亦当由识仁识其归趣云。

（六月五日）

外篇四　礼乐

（觏高笔记六月六日下午七时半至九时）

本篇凡分六段：

一、质文与礼乐。总括《质文篇》之意，则今日之中国文化，必从变文从质返虚入实作起，一语可以尽之。夫变文从质，非使文明返于野蛮之谓，亦非使“高的文”俯就“低的质”之谓（此亦不可能）。所谓变文从质者，盖仅有三路可循：一曰立诚，变不切实际与自欺为切实不自欺。二曰强种，使民族的体质变文弱为康强。三曰阜财，使经济的基础有以自立。保持此三者使其平衡发展，不由高文转于低质，则礼乐尚焉。故《礼乐篇》与《质文篇》实为一篇之上下两段。

二、礼乐之源。儒书论礼乐之源者甚多，而《礼记》中尤多见。荀卿以逮汉儒亦每论及之，今之所论，乃就人的生命论礼乐的发生，不以征引古说为尚。往古哲人每喜喻生命为水。如《论语》："子在川上曰：'逝者如斯夫，不舍昼夜。'"孟子解之曰："源泉混混，不舍昼夜，盈科而后进。有本者如是，是之取耳。"孟子[①]又曰："人性之善也，犹水之就下也，人无有不善，水无有不下。"老子曰："上善若水，水善利万物而不争。"古人以人之生命比水，犹今人之言"生命之流"也，就个人生命而言，其状为生生不息，若扩大万物生命为一，其状亦为生生不息。今更以水喻。若水安流无阻，必无洄[②]澜，予人印象则为愉快舒适。人之心境平愉，则思歌唱以宣之，乐之发生实基于此（《诗序》："言之不足故嗟叹之，嗟叹之不足故永歌之，永歌之不足，不知手[③]之舞之足之蹈之也。"适可说明此种境界）。故乐为生命之本，凡人心中快乐，必于有所动作之时。然快乐实不在动作而在动作后的休息，此动作后的休息，就义理言之则为先难而后获之仁；就音乐言，动为乐调的本身，休息为乐之节奏，有旋律地一起一伏，使人发生安乐之感。盖乐在动而安在止，乐在音调，安在节奏，音乐之节奏扩大至生活动作之各方面则为礼，论礼之发生应于此处着眼。如

① 整理本脱"孟子"二字，据罗庸校定本补入。

② 整理本误作"迴"，据罗庸校定本改。

③ 整理本误作"乎"。

以水喻，则乐为水流，礼为堤防，有堤防水始能顺道流注，不致泛滥，适可说明礼以节人、乐以发和之义。有子曰："有所不行，知和而和，不以礼节之，亦不可行也。"盖即以音乐论礼也。礼以节为用，乐以和为用，礼乐非人故意为之，实为生命之自然现象。以次序言，乐当在先，礼当在后，乐当为本，礼当为末，礼乐合一，始可见仁。宋儒每以为礼先乐后，实非知本之论。

《论语》子夏问巧笑倩兮，孔子答以绘事后素，而子夏有礼后乎之悟（礼与质为对文），而无乐后之说，此亦可证乐之与生俱生也。若以仁义忠恕论礼乐，则乐以行仁（心坚如铁者，听乐之后往往转为慈悲，且听乐已得意忘形，每使此疆彼界为之泯除），礼以行义（义表现于仪容则为礼，存乎内者是曰仁义，发乎外者则为礼乐。乐以成勇，譬如听乐观剧，皆以满足自己，所谓尽己之谓忠也），礼以成恕（我不欲人之加诸我，吾亦欲无加诸人则为恕，所谓敬人者人恒敬之也）。孔子曰："吾道一以贯之。"曾子解之曰："夫子之道，忠恕而已矣。"忠恕即礼乐，一以贯之为仁，仁与礼乐、与忠恕实一而二二而一者也。故孔子曰："人而不仁如礼何，人而不仁如乐何。"吾人能于此处认识礼乐，则必不致视礼乐为迂远，而知礼乐实甚亲切近人也。

三、礼乐之教。孔子论礼乐，实视礼乐为一圆周，如曰："兴于诗，立于礼，成于乐。"诗乐本不可分，是兴于乐而成于乐也。礼所以立，故须勉行，故曰："非礼勿视，非礼勿听，非礼勿言，非礼勿动。"及其达于自然，则安而行之，大而化之，是即成于乐也。故子语鲁太师乐曰："乐其可知也：始作，翕如也；从之，纯如也，皦如也，绎如也，以成。"孔子由"三十而立"至于"七十而从心所欲不逾矩"，即达成于乐的境界。盖礼原为过渡之物，迨其最后完成，则此一切过渡要皆为假施设法。礼乐之在孔门，其相互关系盖如此，至对个人之教育，则曰"博学于文，约之以礼"。盖人所能致力之处在礼，至于乐之效则非人力之所能及也。《论语》论乐均为享受的态度。如"子在齐闻[①]韶，三月不知肉味"；"子与人歌而善，必使反之，而后和之"，皆可证。至施之于政，则曰："道之以政，齐之以刑，民免而无耻；道之以德，齐之以礼，有耻且格。"孔子之施于政者，乃以德为首要，而礼次之，乐所以表德。故子游为武城宰，弦歌而治，孔子称其善。季康子问政，则曰："政者正也。"又曰："为政以德，譬如北辰，居其所，而众星拱之。"合此数

① 整理本衍一"少"字。

章而观之，可悟孔子对礼乐刑政的见解，亦可悟孔门施教，礼后乐先之意。

四、礼乐之兴废。本段所论为礼乐有无之比较，其意甚要。真正充实之生命，正常而无疵病之生命，应为内在的活力丰富而外表的动作洒脱，不沾滞，且不与他人相妨碍，此即仁也。关于新苗可喻此意。新苗生命力极强，而其外表则甚约束，任何植物种子均可解释此种现象，故吾人称植物种子曰仁，如桃仁杏仁。仁内包有植物之生命，此生命为一往无前的，与外物接触时感应至敏。此即不隔，此即乐的状态。凡有乐的民族，其生命表现必如此。生命力愈强，则妨碍他物愈少；倘生命力弱，则必东倒西歪，横冲直闯，或依人，或撞人，均非自胜之道；生命力强则反是，反是谓之有礼。故凡有礼之民族，必不依赖他人，必不冲撞他人，人与人间均保持一合适之分际，所谓男女有别，长幼有序，有别有序，即不拖累不冲撞也。

有乐则和，和则心理上统一，人人如鱼之相忘于江湖而共趋于一的。一民族有别有序，人人能自胜自强，此民族则结为一大生命，礼中见分，乐中见和，此即极健全的人生。儒家之提倡礼乐，其因在此。若礼坏乐崩，则与上述适相反。人无礼则百骸弛散，一人东倒西歪，全体为其所累，社会之混乱无秩序，莫不由此而来。无礼必无乐，无乐则人与人之间隔塞不通，彼此痛痒漠不相关，虽近如肝胆，实为胡越，而形体之相妨相碍，彼此之间必生忌恨，整个社会为冰冷的混乱的。《乐记》于是有悖逆诈伪之心，犯上作乱事[①]云云，盖有至理存乎其间。是故儒者对礼坏乐崩之世，痛心疾首。《诗》云："人而无礼，胡不遄死。"就儒家见地言，此语非过分也，凡观察一民族，如其内有生命活力，外表约束谨严，则为礼乐具足之民族；若外表支离怠散，内力麻木僵枯，则必为无礼乐之民族，初不能以华夷判也。凡有礼乐的民族，为夷狄进于中国则中国之；无礼乐的民族，则为中国进于夷狄则夷狄之。持此以论，今日之中国，实礼坏乐崩之民族，实堪危惧。《质文篇》所以力主变文从质，真意在此。

五、历史之回溯。孔子极称周礼，至今日文献残佚，周礼之全已不足征。然春秋战国世，诸侯力政，不统于王，唯鲁为能持先王之礼（《左传》韩献子聘鲁，曰"周礼尽在鲁矣"，又季札观鲁亦可证），观于鲁则周礼必有可观者。然至春秋，实已为一礼坏乐崩之局面，此皆各国诸侯逞私使己有以致之。夫克己复礼为仁，废礼徇己，其极必为礼乐之崩坏。

---

① 编者按：《礼记·乐记》原文为："于是有悖逆诈伪之心，有淫佚作乱之事。"

所谓礼乐之崩坏，乃言其实质，非指其表面，若内部空虚，而外面形式有若仍可支持者，是乃伪礼乐也。叹惜礼坏乐崩从而建设弥补之者为孔子，以伪礼乐为无关而非之者为墨子，以伪礼乐由真礼乐出，而主张根本取消之者则为老庄（《老子》“大道废，有仁义；知慧出[①]，有大伪”一段可参）。墨者影响于后世者甚微，后之儒者力复不足以兴微继绝，将近崩坏之礼乐遂与老庄态度合流，直至秦汉之际。汉初叔孙通起朝仪，于礼于乐固无足道，然犹能使汉人知有礼乐，是以有光武之中兴。光武初兴，汉人重睹汉官威仪，咸鼓舞而思汉，此其验也。自曹氏、司马氏相继有国，诈篡相仍，人民生命屈而不信，其极乃如水横决焉。阮籍、嵇康所谓“礼法岂为我辈设”，足为代表。实则竹林名士，均解音乐，可目之为礼坏，不可称之为乐崩也。亦以此之故，以所有力量集中于乐，故礼法愈弛而哀乐愈甚，阮籍之生活吾人称之为哀乐无节，有哀乐是有乐也，无节是无礼也。观于嵇阮《戒子》[②]之言，是以由嵇阮进于守礼君子甚易为力，因乐为本礼为末，有本则末有所托也。至何晏王弼等出，所致力者乃在尚论圣人喜

① 整理本衍“圣人出”三字。

② 整理本误将“戒子”作“戒子推”。而嵇康有《戒子》之文。

怒哀乐之有无，下逮东晋之清谈家，以喜怒不形于色相高，此全为乐崩之象。南北朝之世族，殆全为走肉行尸。《颜氏家训》所谓“坐碁子方褥，凭斑[1]丝隐囊”，弹琵琶学鲜卑语，描摹衰世之礼坏乐崩，甚为切至。东坡称退之“文起八代之衰”，所谓八代之衰实即生命力之衰竭也。唐礼乐有复兴之象，朝仪与民间礼俗均极美，乐虽多胡乐，然犹愈于无乐，故唐人生命力极富。宋后礼乐渐衰，北宋朝仪腐而不实，胡乐至北宋已至末流，人之生活七颠八倒，禅宗末流复助长之，是以宋儒倡为复兴礼乐之说。然宋儒说实以下列二点为其出发点：1. 本“非天子，不议礼，不制度，不考文”之义，不敢多所倡议，故朱子仅制家礼。2. 醉心于恢复三代礼乐，而忽视礼乐与实际生活之关连，故宋代之倡为恢复礼乐，仅为考据的工夫而已（如蔡元定之考三代律名）。明清两朝礼乐均为表面的工夫，而内容不足，无教育的意义，是以不能启发人的生命力，其极流为病态的礼教。戴震《孟子字义疏证》，以人之欲行之得宜即为天理，实此病态的礼教之反动。逮西人东来（尤以近百年为甚），吾人感觉西人生命力极充实，反观自身则虚

① 整理本误作“班”。

飘不实；西人有内力，而吾则已僵化；西人之相处皆有礼，个人生活有乐；吾人则个人生活枯燥无条理，社会无秩序。或曰此礼教之为害也，于是有五四打倒旧礼教之呼声，夫旧的礼教不打已自倒，所虑者旧礼教倒后吾人生活应如何耳。近数年来政府倡为新生活运动，其意义在复兴礼教，就历史的意义而论，其价值甚大。盖吾人礼乐崩坏千余年至今日，与西人相形见绌之余，始不期而有此要求也。

六、今后之礼乐。《中庸》：“非天子，不议礼，不制度，不考文。……虽有其位，苟无其德，不敢作礼乐焉。虽有其德，苟无其位，亦不敢作礼乐焉。”盖礼乐之能化民成俗，端在有位有德者之推行与倡导，余今无位无德之身，于此有所论列，意唯在与诸同学讨论切磋，而非有于议礼制度也。余意今后之礼乐须以以下三基点为其根本：1. 识仁。必先识仁始知礼乐之体用，始不误混礼与法为一。2. 知本。何谓知本？一切制度礼文，均非外铄，莫不由民间逐渐成长，乐亦如此，不知礼乐之由民间逐渐长成，离民俗而别谈礼乐，则为不知本。3.贵公。中国今日为世界之一国，制度礼文不宜与世界趋向相背，此即贵公之意，盖必如此始能与人不冲突，始能与人得其大同也。上述三者，得一致之条贯，始能言制礼作乐。今日吾人通行之礼乐，实徘徊于知本贵公之间。如以婚礼言之，知本则宜沿用旧仪，贵公则宜仿效西俗，结婚须在教堂举行，然此与中国社会习惯不合，于是有所谓文明结婚焉，非宗教的，亦非宗法的，非本位的，亦非共同的，旧礼已坏，新礼未成。《荀子》曰："有礼则安，无礼则危。"中国今日之一切，礼文无一不使人不安也，此其根本仍为文化问题。文化无定向，不统一，礼乐亦无法统一，充其极吾国将无以立于天地之间，此大可悲也。余尝言日人对礼乐态度有宜参考者，即本位的与世界共同的同时并存。如日人朝仪，仍沿用丰臣秀吉时代旧仪，乐用唐乐，群臣着和服。又如春日神社祭仪，亦沿用古礼，此皆可使国人增强其民族意识。若大臣亲任或誓师，其仪必举行于靖国神社，则用今礼今服。他如宴请外交使节，亦用今礼，此期于与欧美不冲突也。民间婚礼丧礼祭祀仍沿旧有，军礼阅兵则仿西人，一方面使之不忘宗国，一方面则使之憬然于已国乃一现代国家，本位外来兼容并蓄，此其所以可取。吾国则不然，衣服光怪陆离，礼[1]乐错杂无序。以五礼言之，今吉礼中之祭礼，惟存祭陵、祭阵亡将士、祭孔子数者，乐用军乐，与祭者或御长衫马褂，或御中山服，仪式简单，庄敬不足。子曰："为礼不敬，临丧不哀，吾何以观之哉？"人

① 整理本误作"孔"。

而至于行礼无诚敬之心，其作事必致不着实际，欲养成民族庄敬之心，礼式隆重其首务也。凶礼惟余丧礼，亦新旧参差，但因送死犹有真哀，尚不尽虚有其表。宾礼多亡，今所余者一外交使节呈递国书而已，至开会宴客则叫呶无序。军礼，今所见者仅有阅兵仪式尚整肃可观。嘉礼、冠礼已亡。婚礼则其如前述，礼乐之简单诚古今中外之所未有。无礼即无秩序，无乐即无生命，吾国人之礼乐苟简如此，何能期其国之不扰且乱也？今所论止此，至礼乐与风俗之关系，当留待《风俗篇》论之。

内篇五　九流

（觐高笔记七月十五日下午二至四时）

本篇所论共分三段：一曰近代诸子学，二曰从《汉书·艺文志》九流下逮四库子部，三曰今后之诸子学。

一、近代诸子学。自汉武帝罢黜百家，诸子之学寖衰。魏晋三玄，唐宋庄老，均不得目为诸子之学。明清人汇刻子书，第为存古而已，亦非研究诸子之学也。盖儒术既定于一尊，诸子之学必趋暗淡，故言近代诸子学者当自清儒始。清儒考据始于治经，次及小学，次及诸史，最后遂及诸子，盖乾嘉诸儒视经史子集为平等的古书，因之使子书地位抬高不少（毕沅校《墨子》《吕览》，汪中校《墨子》，皆不以杨墨为嫌），此为第一期。咸同之际，西学东来，国人往往持诸子之学与之相抗。如西人言[①]科学，则吾人有《墨子》，盖以《墨子》书中有科学也（孙诒让《墨子閒诂[②]》属此派）。下逮同光，风气大致如此。寖假而经学家亦治诸子，且援子入经，如章太炎、刘申叔诸先生论诸子出于王官，则大张《汉志》向、歆父子之说（文皆见《国粹学报》），历光宣至民国初年，此论不衰。民国五年，胡适之先生有文曰《诸子不出于王官论》，此为国人对诸子观念变更之始。胡文论据多取《淮南子·要略》，当时论者多喜言一切学派均出于时代的要求，胡说适合此风气，于是诸子之学一变而为中国哲学史之一部分。五四前后，国人皆谋于思想上为中国觅一出路，除介绍外人思想而外，复于往古典籍中寻觅可资利用之思想，于是诸子之学盛极一时。自民五迄民十三年，吾国学术界皆此风气所笼罩。迨国民党改组，昔之讲学者群趋于行动，于是自由研究诸子之风遂衰，自诸子学衰而自由之思想日绌[③]，自信力弱，转而信他，演绎多而归纳少，主观多而客观少。总之，由自力的学风转为他力的学风，卒之演绎之功，信他之效亦不可见。诸子学之升沉，影响于全部学术界实不少也。

---

① 整理本误作“研”，据罗庸校定本改。

② 整理本误作“话”，据罗庸校定本改。

③ 整理本误作“拙”。

二、从《汉志》九流下逮四库子部。私门讲学为诸子学之开始。孔子之世，与孔子对立者已有多家（如长沮、桀溺等是，此不以著书为标准），下逮孟子，则儒与杨、墨并列。《韩非子·显学篇》称“儒分为八，墨分为三”，荀子所非者凡十二子，《庄子·天下篇》则历论各家得失异同，盖春秋战国之世，诸子应分几派，实无显明的界限也。至《淮南子·要略》犹然。史迁始分诸子为六家（西汉人泛称则曰诸子百家）。《汉书·艺文志》分诸子为十家，曰“诸子十家，其可观者九家而已，”自此遂有九流之目。先秦诸子之学，至《汉书·艺文志》为一总结束，自此以后无以为继矣。至诸子学之界说，则太史公“此务为治者也”一[①]之说，为诸家所共同，合乎此者为诸子，反之则否。所谓盖以立意为宗，不以能文为本也。自晋荀勖分经史子集为甲乙丙丁四部，诸子均入丙部，下逮《隋书·经籍志》《崇文总目》《四库全书》，莫不循此。四库分子为十四类，儒、兵、法、农、医、天文算法、术数、艺术、谱录、杂家（四库杂家包有《墨子》《公孙龙》《鹖冠子》《吕览》等，与《汉志》不同）、类

① 此“一”字似衍。

书、小说家、释家、道家，莫不归之，“务为治”之意已失，此后诸子学之衰替盖有必然。盖《汉志》九流所收，悉为名家之业，成一家之言，足可代表一代之学术思想；四库子部所收，则有专学，有杂书，不足语此矣。

诸子出于王官之说，就历史发展而言，亦自有据，然不必皆出于王官也。如老子为周守藏室之吏，乃能深明于治乱之故；墨子用禹道，多为夏学，当亦出于王官；阴阳家出于星历；名家出于理官；纵横家出于行人之官，及其成学，与王官所守渐远。此出于王官者。复以世事推移，往往变为私人之业，此则《淮南子》持论之所由。由《淮南子》之见论诸子，则知诸子之产生，皆有其时代背景。盖学说要为解决实际问题之方案，如《管子》《商君书》《韩非子》莫不皆然，由解决方案上溯及其原理，则涉及人生哲学及纯理哲学，孔之言仁，孟之言仁义皆是。凡纯理哲学，名辞应用至关紧要，故儒有训诂之学、正名之学扩展而为名家（墨有《墨经》，儒有《尔雅》），是以有公孙龙、惠施之学，盖欲由分辨名实之中解释人生之秘。或以名家不得列于诸子，第为哲学的附庸，实则名家仍为独立之学也。先秦诸子厥初皆以求治为其归趣，申韩如此，孔孟如此，公孙龙惠施乃至道家、纵横、阴阳莫不如此，彼所论者皆切实际而非空谈，皆论全体而非部分，与西洋逻辑之仅为论理之工具者不同，亦犹因明之在印度，本为图成[1]之学，非不了义也。

汉世子书，如贾谊《新书》、陆贾《新语》、桓宽《盐铁论》或出后人杂集，文集与子书遂不易分，子书之体至此一变。大抵两汉子书均仿《荀子》（下逮徐干《中论》犹然），盖《荀子》为笔语最整齐之书，先此则只用口语也（如《论语》《孟子》皆是）。魏文《典论》之后，子书之体又一变，文章必甚华美，而内容不必统一，《抱朴子》可为例。盖魏晋而后，子书多仿《典论》与王充《论衡》，其与文集不同者仅在体式而已。后此梁元帝之《金楼子》、刘昼[2]之《新论》，愈趋琐细。古子中老庄之书复成为三玄之学，名家与道家地位日高，而余子绝无讲论，学术之衰与世俱深，直至王通《文中子》[3]，子书之体又一变。《文中子》为一极努力复古之书，此由下列二点可见：（一）子书至六朝已无显著家数色彩，《文中子》则为纯正儒家。（二）如《金楼子》《颜氏家训》皆为小篇文章，不仅无口语意味，即模

① 编者按：疑为“图谶”之误。
② 整理本误作“书”。
③ 整理本误作“直至王通、文中子”。

仿《荀子》色彩亦不可见，《文中子》则效扬子《法言》，模仿《论语》，此予唐人影响甚大。中唐古文家之注意诸子学，皆《文中子》有以启导之。由是有北宋周程诸子之理学（语录之体，半由禅宗，半由《中说》），此其功甚伟，扬子《法言》从来所未有也。至晚唐文人，喜以子称，实不足论，如皮日休有文集曰《皮子文薮》、陆龟蒙有《天随子》均称子，实文集而已。北宋周程诸子出，子与文集分途，凡其思想持论成为澈头澈尾的一套哲理者始称子，非此不称子也（欧苏皆自称子，然后人无称之者）。然四库于此等处极为凌杂（如《二程遗书》《朱子语录》入子部，《象山》《慈湖》《阳明集》则收入集部），此使后之子家不为人所重视，而文章家拘虚于集部，往往缺乏深厚的哲理思想，实为两失。（宋后诸子别于《理学篇》详之）

按四库子部所收，儒、法、兵各家已非尽一家之言，农家既不能收陈相许行，则多《齐民要术》《农桑辑要》《救荒本草》之属，固不得称子也。医、天文、算术、术数、艺术、语录所收，或为专门科学，或为表谱，其性质极为丛杂，影响于后之学术界者至大。名家之学不彰，专门科学之不发达，亦莫不缘此模糊不清之分类而来，自晋以来殆将二千年矣。章学诚力倡专门之业，实有见于此云。

三、今后之诸子学。今日吾人对先秦子书已渐有显明之分类，如管子、《商君书》、韩非子之入法学，孔子、老子、庄子、惠施、公孙龙之入哲学，此观念之进步实食近代科学之赐。若论先秦诸子之高下，则宜论其学问之偏全，子家应澈头澈尾为一套学问。孟子所谓仁心仁政，“徒善不足以为政，徒法不能以自行”是也。盖仅有理论而不能见诸实行，不得称为澈头澈尾。仅有办法而无深厚的哲理为之基，亦不得称为澈头澈尾也。持此以论孔孟老庄，则知孔孟为澈头澈尾的学问，老庄即非澈头澈尾的学问，进而探其持论之高下，则仁义为人生的、有本的、人世的，非人生的、出世的固不能与之并论也。此外，余家更不足数。就此以论诸子之学，则知群书虽繁，真属澈头澈尾者实为少见。陆士衡所谓“虽纷蔼于此世，嗟不盈于予[1]掬”者也。诸子日少，立言家日衰。文章家亦遂不能持论，析理之文愈不足观。居今之世而欲重兴持论之风，持吾国诸子以与欧西哲学家比较研究，舍短从长，不滞方隅，此吾人今日读诸子所应从事者也。此专就立言方面而言之。若失专门之学，如医农天算之属，则为专家之业，非可一人兼治，应各属之专家。吾人所能致力者，校勘训诂，以最善

① 整理本误作“余”。

之本贡献于各部门，使之参稽比较以求发明而已。（此意具见余《论读专书》[1]一文，载《国文月刊》，兹不再详。）

---

① 罗庸《论读专书》，载《国文月刊》第十七期（1942年11月出版），今参见《中国文学史导论》第四编。

外篇五　乡党

（觐高笔记七月十六日下午三至五时）

本篇所论，为中国社会组织问题。于此有须说明者，即一切政治问题均为文化问题，一切文化问题均为切身学问，此为全篇宗旨所在，虽复弥纶万事，要非舍己耘人也。兹分三段论之：一、引论；二、过去的理论；三、今后之乡党。

一、引论。中国之政治理论约分二宗，即无为与有为。无为是为老庄态度。老氏云："治大国若烹小鲜。"视政府与人民之关系若庖丁之烹小鲜，贵不扰也。《庄子·马蹄篇》云："夫残朴以为器，工匠之罪也；毁道德以为仁义，圣人之过也。"亦可发明此意。黄老之治见于文景之世，政府与人民之间若漠然不相关者，实有"日出而作日入而息"之意境。然黄老之治，宜以小国寡民，文景之世适当大乱之后，故得暂时实行（黄老之无为与孔子所语“无为而治者，其舜也与”不同），不能久也。有为之治须有政府，人民与政府发生密切之政治关系，儒法均为有为态度，而其根本精神则异：儒尚德，法尚法；儒尚仁义，法尚功利；儒者导之以德，齐之以礼，法家导之以政，齐之以刑；儒以教统政，法则以政统教，主张集权中央，期收身之使臂，臂之使指之效。商鞅为政，下令如水之流，是其验也。儒重在养民。孔子之称子产曰：“其养民也惠，其使民也义。”又若曰：牧民之道，务在安之而已，圣君在上，所过者化，所存者神。此为儒家理想的政治。儒者虽言为政，而管理之意极少，实亦无为之治。三种政治思想迭相起伏，遂成中国数千年之历史。就历代政治成分而言，道家为少，儒家亦少（仅在理论上及社会中成功一种势力），法家为多，外此则非儒非道非法，无可归类，则乱世之政也。惟儒家政治精神早已潜伏民间，形成一种消极的力量，平时若不可见，然治国者若违反此力量，则必生强烈之反抗，吾人谓“真的力量潜在民间”者以此。

二、过去的理论。三代之治，儒者论之详矣，不复更陈，兹从管仲始。《管子》一书极为复杂，然其大旨在求富强，而主张以政府力量管理国家，此为法家态度，而卒以强齐。商鞅亦然，为治益苛，而王秦亦速，及其败也，人民之力不能自救，其亡遂如拉朽摧枯。汉有天下，大乱之后与民休息，是以有文景之治。文景之治虽曰黄老，而萧曹遗规具在，实亦杂有法家。当时明知之士皆不谓然，谓非长治久安之策，故贾谊晁错桓宽之属，持论多近儒家。新莽以不伦不类的儒家思想，加之以虚伪的周礼外形，刑政措施贻笑后人，固不足论。东汉匡衡、谷永均为儒家，西汉培养的民间儒家风气，至东汉不衰，成为士大夫气节最美之一代。迨及三国，魏武帝主刑名，诸葛亮亦主刑名，人才辈出，实不过各为其主而已。正始而后，老庄精神风靡上下，民生憔悴，士气萎靡，至齐梁而极。隋唐之际得一王通，而儒家复振，唐初贤相多出其门，房、杜、姚、魏[①]皆儒家也，终唐之世大体无异（武周酷吏周兴、来俊臣等为例外）。北宋韩、范、司马[②]大都来自田间，为儒学贤相，然就儒家政治理想而言，亦可分为两派：（一）立君。上有贤君则人民安乐，士大夫所宜致力者厥为致君泽民而已，自唐之房、魏至北宋之韩、范，秉政者之志事大抵如此。（二）立民。由民间文化入手，又可分两派：甲、信周礼，以《周礼·王制》所云为思想基础；乙、用孟子井

① 编者按：分别是唐代宰相房玄龄、杜如晦、姚崇、魏徵。
② 编者按：指北宋名臣韩琦、范仲淹、司马光。

田之说。宋理学家即属后一派。此说见之实行者，一为范仲淹之范氏义庄，此为宗法式的经济组织；一为吕新吾[①]《吕氏乡约》，规模较大，影响于后世者亦多。元相耶律楚材、托托均近儒家。明太祖、成祖则近法家。张居正出，阳儒阴法，在位之年不长，实亦无何建树。明清之治，非儒非法非道，权归胥吏，无大骚扰而已。曾文正则粹然儒者气象，其学盖得自其师倭文端公（仁）。清末海禁大开，国人与西人接触结果，知非富国强兵不足以自存，于是保皇立宪、虚君共和与革命之论并起，迨后革命虽成功，而社会之无组织也如故。三十年来，国人困顿憔悴于一变再变，国民革命也，苏维埃革命也，其无救于中国也如故。抗战军兴，吾国政治转趋而近于管仲商鞅，于是保甲、征兵、统制物资纷然并作，夫统制则必须一准于法，且须政府有绝对权威，否则一方统制，一方营私，不均不安，如此欲求民心悦服，达于法治，盖亦戛戛乎其难矣。

三、今后之乡党。今后若谈建国，则吾国政治是否仍能如今日之以统制为治，实为一大疑问，因民间有一潜存力量（即本来的文化），与政府统制态度（即政府所提倡的文化）实不

① 编者按：此处“吕新吾”，当为“吕和叔”之误记。吕新吾即明代人吕坤（1535—1618），而吕和叔则为《吕氏乡约》的首创者吕大钧（1029—1080），和张载同科进士，因慕张载学问，“遂执弟子礼”。

相容也。吾人设为整个民族前途着想，应先认此为一文化问题。知此为文化问题，则知吾人所着眼者，不在政治制度与政权之谁属，而在人类合理的生活态度之取决，则功利仁义之分必当严辨；苟其成仁取义，则不当计较强弱得失，盖全民族与个人，在义利交争之问题下，其态度固不应二致也。

中国文化须变文从质，返虚入实，前于《质文篇》已详言之。所谓变文从质，必使经济文化各方面之重心复返乡村，复返民间，此为中国文化真力量之所在，中国文化非此则无出路也。

近百年来（或近三十年来）各派政治主张当以倡导由民间着手者为最可注意，余尤同意梁漱溟先生之乡村建设主张，此义实只儒家所固有，最早有孟子之井田守望相助之说，此外则有《周礼》“乡之物”、《礼记·礼运》“明堂位”与“郊特牲”各篇所云。孔子曰：“吾观于乡。”然后知王道之易，儒家思想原以乡村为单位也（此其故由于家族本位、伦理本位，而非如法家之求为国家组织）。梁先生于民国九年讲东西文化及其哲学时，尚无具体之主张，迨民国十七年在广州，始完成其乡治理论，并在番禺县作乡治实验，后又在河南辉县百泉创为村治学院，并刊《村治月刊》（后结集成《中国民族自救运动的最后觉悟》一书）。后村治学院移山东邹平，改名乡村建设研究院，又成《乡村建设理论》（一名《中国民族之前途》）一书。山东沦陷，梁先生间关入川，复转香港，在香港曾出版《我所努力的是什么》一书，今返桂林。或谓梁先生乡治实验殊少成绩，不知今日菏泽抵抗敌人最力之民团，莫不为乡治之成果也。今简略介绍梁先生之主张，如治其详，则非读原书不能知也。

中国旧时社会结构，“伦理本位，职业分立”八字足以盖之，而其长处则在能发挥人类的理性。欲中国民族中国文化有前途，只有于缺乏科学技术和团体组织的旧社会中，建设一新的社会组织，培养一新的礼俗。此社会组织乃以伦理情谊为本原，以人生向上为目的，期于政治、经济、文化三者之合一，从伦理之互保进而为乡村自治。由小范围的团体自治，扩大到整个民族社会的一体，而其基本着手则在乡农学校。每县之中分若干区，每区设立乡农学校，为政府培养人材，为政府作各种设计与计划，为政府作脑中枢，此种人材即乡村建设的干部。县乡农学校推动一县之政治，省乡农学校推动一省之政治，乡民力量日益增强，政权虽有起伏更迭，乡村民间文化可不蒙其影响，其极政府为虚位，自治全操之民间，纵外患侵逼，乡民亦可各自为战也。就经济方面而言，须使农村能自己生产，能自足自给，纵生产力微弱，亦必远较购自他人为优。一乡一县皆以学校为中心，则使乡县之人皆能敬老尊贤，从善服义，则土劣自然消灭。一乡有学校，一县有学校，文化基础自然建立，大至全国自成一文化集团。此与中国文化及民族性原甚吻合，苟能努力推行，自能引发国民志气，与外铄之说迥[①] 乎不同也。（此为六年前之主张，近日有无更改，不可知）

梁先生之乡治理论大致如此，凡于中国文化有确实之信念者，则于梁先生之乡治理论应有确实之信念，不容疑也。近今政府所倡之管教养卫，亦似近于组织民众者，然云管教养卫，将养卫转为次要，此与孔子“足食、足兵、民信之矣”之说异矣。失之毫厘，谬以千里，生心害政，大抵如斯，君子于其言无所苟而已矣。余因感于今人立言施事，多不求其内容，仍是文胜之弊，因论乡党，遂复及之。

---

① 整理本误作“迴”。

内篇六　理学

（觐高笔记七月二十二日下午二时半至四时半）

本篇所论亦分三段：曰引言，曰理学之历史的回溯，曰今后之理学。

一、引言。有宋之世，始有道学之目。然程朱学术与陆王不同，陆王称心学，程朱称理学，《宋史》则称理学曰道学。近人每指道学、理学为迂拘，此不知理学之真谛者也。若就宋学而论，足当理学之称者，仅有朱子之学。而就中国立国精神而言，理学实为吾民族文化之主体，前此《文化》《质文》《礼乐》诸篇，每论中国文化之优点，在乡间潜存的力量，此全为宋代理学家的影响，中国今日所以能立国于天地之间，殆全为理学之功。如何发扬此种精神，实为当务要图。近年政府提倡旧道德，要求为此方面之觉醒。理学基础在人，余今所论，乃为己而非为人，其意味当更较亲切焉。

二、理学之历史的回溯。唐以前国人略无道统观念，此观念之发生与禅宗输入中土有关。菩提达摩东来，禅宗甚注意衣钵之传授，下逮六祖，禅宗遂分为若干派。儒之有道统观念，或即受禅宗的影响，如《江西诗社宗派图》即其例也。唐人原不喜言师承，韩柳始以师承相标榜，退之《原道》《师说》，皆明此意，然上溯远源，应自文中子始。继《原道》者为李习之《复性书》三篇，前乎此，六经地位平列。至退之标榜《孟子》，习之喜言《中庸》，于是理学离古文而独立，《论》《孟》《礼记》离群经而特出。继习之后，性书乃有周濂溪之《太极图说》《通书》。唐五代道教与禅宗大行，儒学寖衰。宋初僧契嵩（有《镡津文集》）学兼道释，复欲援附儒家，濂溪《太极图说》《通书》之作，受契嵩鼓励为多，而《太极图说》又实本于陈抟。理学祖自濂溪，濂溪与道家渊源复如上述。远溯史源，盖《易》本与阴阳家为近，《易》实儒道之中介也。北宋初年，《易》道儒已不可分，《太极图说》虽为一家之言，析其内容，实一极杂之书。盖佛说未来，国人自无须谈本体论、知识论；佛说既来，则名人势不能不注意及之。则《易》与阴阳学之昌盛，亦为必有现象。于是北宋理学家发生一通有现象，即凡有所论，莫不由宇宙之根源说起，此与孔子下学上达之精神态度迴[1]异，盖即导源于佛说之论本体也。继濂溪者为二程子。二程子阴阳家成分为少，其共同态度为从自己做起。濂溪主诚，二程主敬（“主一无适之谓敬”），主敬近孔（克己复礼），主敬之外复言主静，主静则近《易》与《荀子》（《二程全书》多引用《论语》《礼记》《孟子》可知）。张载《西铭》与正蒙由《易》入手，学近濂溪，而其根柢为阴阳家。张子勉强自己的精神，比周程尤为奋发。黄庭坚称周濂溪“胸怀洒落，如光风霁月”，此任运自然不沾滞的气象，盖多得之道家。二程则敦谨近孔颜。张子勉强而奋发，近曾孟，第不如孟子自然。详读《西铭》，即可参透此中消息。能使学者胸襟开阔，使学者强毅不屈，张子之功为多。横渠四句教曰：“为天地立心，为生民立命，为往圣继绝学，为万世开太平。”即曾子“士不可不弘毅”之意，故张子之学实近曾子。然此种气象实为理学家所共有。北宋理学尚有两派亦不可忽视：一邵康节，全为阴阳家，一切决之于数；一胡安定，虽不标榜理学，然影响于后来之理学家则甚大。总上以言，北宋理学约分四派：一周子与横渠，二邵康节（惟周由阴阳入儒，邵

① 整理本误作“迴”。

则始终为阴阳家），三二程子，四胡安定。后日门户之争自此始，正学非正学之辩自此始。逮后周子张子之学不彰，邵学亦不彰，而二程独盛。二程门人如游定夫、杨龟山、谢上蔡皆各有成就，龟山独得二程敦谨之风。龟山高弟罗从彦，再传为李侗。李结茅山田，谢绝世故，不发皇，不旁骛[①]，怡然自甘，全为二程之学。李之弟子朱子，尽传二程之学，而成就之广，超越各家，且无阴阳家与道家气味。自程子表彰《学》《庸》以来，《学》《庸》《论》《孟》遂成学术中心，然二程于《学》《庸》甚少发挥。朱子倡言格物，为《大学》补传文一章，则大有造于大学者也。“即物而穷其理，”为朱子学问之核心。前乎朱子，学者已多喜谈身心性命，北宋学者复多实事求是，朱子格物之说之发生，殆有必然者。由韩退之《原道》至朱子《大学章句》，理学已彻底完成，学者用功须从格物着手，迨后朱之弟子多瘁其心力于著述考订（如蔡元定），而于“诚意正心”反多疏忽，比之朱子远弗逮矣。与朱学对立者为陆九渊，陆主尊德性，曰：即令我一丁不识，亦“还我堂堂地做个人”。其学问入手处，殆由子思孟子入，是由上而下，非由下而上如朱子之格物也。鹅湖之

① 整理本误作“鹜”。

会，陆有诗曰："孩提知爱长知钦，古圣相传只此心。大抵有基方筑室，未闻无址忽成岑。""易简工夫终久大，支离事业竟浮沉。""只愁说到无言处，不信人间有古今。"（原诗记不甚清，当检《文集》或《学案》）[①]第一句即用孟子语。陆学实以禅宗为其根柢，如禅宗六祖慧能，虽不识字亦能悟道，然此则非大天才不能，陆曰"虽不识字"云云，只能为天才道，非可为一般人说法也。陆弟子如袁絜斋（燮）、杨慈[②]湖（简）全入于禅，夫究心禅学而能明心见性，其造诣自亦不可忽视。然若由禅入手，易成有体无用，其极仅知徜徉山水，啸傲山林，对社会则为脱节。南宋抱现实主义，与朱子之学对立者有韩侂胄，另一面陈龙川、叶水心之学，则由经世致用入手，亦与朱学不同。溯陈、叶之源，则与胡安定之学有关。两宋理学大致如此。元许衡之学略近程朱，明薛瑄、胡居仁之学亦近程朱。明之中叶，阳明出而学术面目为之一变。阳明早年出入于释道者甚久，后由释道

① 编者按：上引诸诗并非都是陆九渊所作，分别出自：陆九龄《鹅湖示同志》（"孩提知爱长知钦，古圣相传只此心。大抵有基方筑室，未闻无址忽成岑"）；陆九渊《鹅湖和教授兄韵》（"易简工夫终久大，支离事业竟浮沉"）；朱熹《鹅湖寺和陆子寿》（"只愁说到无言处，不信人间有古今"）。

② 整理本误作"悉"。

入儒，然其思想实杂有甚多释道成分，其学全为由上而下，上接象山之传。象山之学为演译的，朱子为归纳的。程朱之学如塔，须登高自卑，由下而上；陆王之学如网，絜其纲则全目毕张。阳明始究心于朱子之格物而不通，后尽弃朱子之学，乃自成致良知之说。阳明四句教曰："无善无恶心之体，有善有恶意之动，知善知恶是良知，为善去恶是格物。"谓格物致知当求诸心，不当求诸事物。第一句近濂溪"诚，无为"之说，第二句则为"几，善恶"，第三句用孟子"人之所不学而知者，其良知也；人之所不学而能者，其良能也[①]"。第四句则为"止恶修善"之说。阳明全部学问，悉萃集此四句之中。阳明训"格"为"拒"，故其释"格物"曰："格其不正以归于正。"由格物而致良知，其归则为知行合一。阳明弟子王艮（心斋）、王畿、徐爱、刘宗周（蕺山），后流为两派，一流于狂禅，一流于《蕺山人谱》，斤斤于为善去恶一派。明末士大夫侈谈身心性命，其学多流于空疏。阳明学之反动为顾炎武。阳明曰"心即理"，炎武曰"经学即理学"。炎武之博学于文，即针对明末之空疏，"行己有耻"乃针对阳

① 编者按：此语出自《孟子·尽心上》，原话为："人之所不学而能者，其良能也；所不虑而知者，其良知也。"

明学之流于狂禅者。黄梨洲、朱舜水、王船山皆与顾声应气求，虽不以理学自鸣，然其学实近朱，于是朱子之学复兴。清代汉学实即格物之学，全由朱子格物工夫入手，清初理学家如孙夏峰、汤潜庵、李二曲、李光地皆师二程。汉学家以实事求是精神，用之于经学小学，其工夫至程瑶田而极，殆与现代科学相近矣，其在民间则四书之学大行。汉学家以著书为业，理学家修身养性，脱略世务，于是有颜李出，主张《周礼》"乡三物之教"，倡为六德六行六艺之说，以学问非仅读书而已，礼、乐、射、御、书、数无一非儒者之事，其学有用而无体，有末而无本，是其所短。程朱侈谈天理人欲，失之窘枯，于是有戴东原《孟子字义疏证》出，倡为人欲行之得宜即为天理之说，实为程朱学之反动。颜李无传人，逮后经太平天国之乱，汉学亦微，时负天下之重责者为曾涤笙，曾为湖南学风，虽不以理学自名，而真能知行合一。曾之门下，多于事功有所表建，如李元度、彭玉麟是。同光间学问面目复一变，凡讲形而上者皆入佛，如杨仁山，其个人思想有成就者则为谭嗣同。学问分歧复杂至五四而造其巅，过此则音响俱寂。近年政府致力提倡理学，而应者亦少。夫理学乃师道非王道，上无人师，徒倡言理学无益也。近人马一浮、熊十力、梁漱溟诸先生均为理学大家。马先生为六艺之学而杂禅，熊先生为易学而杂法相，梁先生为致用之学而其根本近于阳明。理学之历史回溯大致如此。夫一民族文化之发皇，有赖于理学者至多，是以理学不可不讲也。

三、今后之理学。若云一人之学问成就，适足代表其一族之文化，则不宜名之曰理学，道大莫名无以名之曰学问。今后吾人之学问有两途焉：一由横的方面言之。1. 由《易》与道家入手，走周濂溪、邵康节之路则为哲学家。2. 由禅入手，完成自我则为一哲人。3. 由胡安定入手，至王船山、顾炎武、曾涤笙[①]，则可以经世致用。4. 由朱子入手，其读书必有成就，然若滞于文字，其极往往流为经生。二由纵的方面言之。只知格物致知而不知诚意正心，其极仅一科学家而已；只知诚意正心，其极则为一哲人；只言治国平天下，则仅为一事功家。此皆失之于偏而不能全者也。今后之学问，应循过去理学之路，括其大端，总其枢要，宁于小节失之粗疏，不可于根本失其依据，宁可不求细密，不可不求完全，如此学问始有基础。

尽包有昔日理学家之所给予吾人者于一身，其人则必可代表全民族，其人必为全民族之圣人，为全民族之领导。民族之有无出路，端视其有无圣人，然未来之圣人，应萃全世界文化

---

① 曾国藩，号涤笙，后改涤生。

于一身，应为全世界之圣人，此人无所不有，无所不在，恐吾辈不及见也。孔子不云乎，“若圣与仁，则吾岂敢？抑为之不厌，诲人不倦，则可谓之尔已矣。”吾先哲垂世立教，及积厚流光，遗我后人者实深且巨，后死者不可自暴自弃也。

外篇六　学校

（觐高笔记七月二十三日下午二至四时半）

一、现代教育问题。今日教育问题虽有无数，且有广狭、大小、浅深之别，然此无数小问题盖有一总问题在后，其他问题莫不包括于此问题之中，此总问题维何？曰为文化问题。吾国过去文化方式，与采自西洋之学制不合，实为此问题之根本。易言之，农业社会之精神与工业社会不同，强彼就此，自难适合也。吾国教育，自昔以培养人材为其职志，此人材为能尽性尽伦之完人，国家初未计较其必如此贡献才力于国家，所谓“学则三代共之，皆所以明人伦也”。欧西则视教育为工业的，出品多寡，悉按照国家之需求，教育目的厥在求国家的发展。自戊戌变法维新，吾国教育制度多仿西洋，而培养造就的人材，社会每不能容受之，使展其所学，遂致三四十年以来，吾国教育所表现之结果，往往本末不能相偿。夫剿袭外人教育方式，运用自己固有之材料，其不适合有必然者。如近年之提倡国民教育，其目的在求普遍，然结果往往养成儿童都市习染，使与[①]乡村处处不合；又如中学课程，多为升大学而设，设不升学，则中学六年所学全无用处。以谈创办职业学校，则诿之师资人才缺乏。中学之膨胀不切实际，为国人所周知，而政府无知之何也。以言大学教育，则中国之大学，多不能保持大学之风格，往往变为专门学校。举例言之，如大学之物理系，不能造就物理学人材，而仅能造就无线电或某几[②]种技术人材，其他经济政治各系，莫不如此。又如研究院、留学生投身社会，往往用非所学。吾国教育之失败与国家之损失，此皆显然可见者也。因学校之增多，致使大量农村子弟流入都市为消费者，学校愈多，消费者愈多，消费者愈多，都市愈膨胀，农村愈窘枯，农村固有之敦朴风气且为之破坏无余；而流荡于都市者，复因人浮于事，迫于饥驱，于是倾轧奔走，阴谋百出。四十年来之中国教育，所得与所失，相距不可以道里计，探厥原因，莫不由西洋教育制度与中国国情不合有

① 整理本脱“与”字，据罗庸校定本补。

② 整理本脱“几”字，据罗庸校定本补。

以致之，故论中国教育，应由文化问题着眼。

二、**中国过去的教育**。儒家所传古代学校制度，如孟子所云："夏曰校，殷曰序，周曰庠。"要亦有据，然多不可详考。至西汉，学校理论已完成，由贾谊、董仲舒、刘向所著书可见，秦汉所传古代学校制度，已为儒家一贯的理论，主要者即学校明堂不分，自里塾、党庠、州[①]序至于国学[②]，自八岁就傅，至十五岁成童，二十弱冠。其规制甚备，而国子太学所记尤详。

《礼记·学记》所记，国子在学九年，教学之法极密，而《大学》一篇即大学之教育宗旨。大学曰辟雍，习大礼于辟雍，天子临轩，讲学于辟雍，籍田亦在辟雍，养三老五更于太学，天下有事则聚议于明堂，此实后日议会之雏形，故学校明堂实合为一。明堂制度后人聚讼甚多，然孟子劝齐宣王莫毁明堂，知明堂为实有也。明堂为培养人才与养老之所，且为聚议国家大事之处，汉人主张恢复明堂以此。自战国之初，古代学校制度崩坏，私门讲学之风大盛（如《孟子》"后车数十乘，从者数百人"，知孟子周游携带门徒甚众）。私

---

① 整理本误作"术"。
②《礼记·学记》："古之教者，家有塾，党有序，国有学。"

门讲学，使学校亦为流动性质，复往往干谒诸侯，赖以为活。所谓士无事而食。许行之徒，实为对此风气之反动，而此游学之士，后日一部分变为纵横家，其不能到处游学者，即为墨子，非儒家所云徒固守乡里为人治婚丧而已。秦汉之际，儒生不为诸侯食客（如郦食其），即为固守乡里（叔孙通实为乡儒之残余），他如伏生张苍之徒，仅记诵古代典籍律令而已。文景之世，无为而治，不用儒生。武帝罢黜百家，立五经博士，而此五经博士实孤陋寡闻。西京之陆贾刘向，东京之谷永匡衡，比于博士，实为杰出。汉自惠帝时宏奖孝弟力田，颇有恢复儒家乡学之意味，唯历两汉二百年未有甚大成绩。迨东汉其规模始立。至和帝时，太学生多至三万人，而此太学生又多来自田间，与民间息息相关，儒家所倡之学校组织，此时之完全实现。后经党锢，大学制度遭摧毁。三国时天下纷扰，而洛阳太学规模固在也。西晋时学校制度选举制度悉坏，元帝渡江而南，戎马仓皇，自无余力顾及学校之兴废，此时私人讲学之风复盛（南朝经学多为私人之学，如刘献可为例）。刘宋之初，设四馆，网罗儒玄史文才学之士，宋齐梁陈大致风气相同。北朝私门讲学门徒最盛者为王通。隋唐统一天下，定考试制度，甄录人才。开元以后，考试科目增多，明经人才为国家而培养，于是有国子学（据两唐书所记，国子学人数甚少）。

国子学不发达，其另一面则进士人数之增多，进士及第，多由私人苦读而致，乡师未必尽为名家，故标榜师承之事为少。韩退之《师说》与柳宗元《答韦[1]中立论师道书》，正古文家对此风气的反动，于是恢复学校之议又起，然终五代之世，未能实现，其弊使民间学术无基础，中央复为利禄之薮，于是遂使唐士大夫风格扫地，下至五代悉如此。北宋讲学最早者为胡安定，后讲学太学。北宋太学，虽不似东汉之完备，然比唐人为善，此其故受胡安定影响当不少，如此则邵雍、司马光、欧阳修、周濂溪等皆出自田间，是以至二程子，私人讲学之风复盛，遂使朝廷注意及地方教育，于是各地设州学。两宋道观甚多，士大夫之得罪者，往往使之提举道观，道观有田产，得罪者不虞衣食，且可著书自娱，因之学者群趋之，由是私人讲学遂变为书院制度。书院制度受佛教影响必甚多，如书院士讲称山长，系为诸山长老之简称，是其明证。宋之书院学生多极勤苦，书院山长则多负天下之望，是以书院人材反多，州学反少，影响所及，私人书院日益增多。宋代取士，仍缘唐风，而唐宋之所以不同，则是宋民间文化有基础，朝廷学校势力不足以掩私门讲学势力。地方学校之设立始于元代（路有

① 整理本误作“与常”。

路学），私家书院辅佐路学，地方教育遂得一平均发展。明清两代，学校制度甚备，而内容则极空虚。国有国学，府有府学，州有州学，县有县学，然学生仍在私家读书，所请训导教谕不过备员而已。因明清两代学校有名无实，是故科举制度流弊特甚。清末变法维新，学校制度多模仿欧西。自甲午至清末，可称之曰科举与新式学校混合并行时期（如县有小学，省有中学，国有大学，大学毕业赐进士出身），此时一切学制与教学精神，全自日本转抄德国。德日学术精神多严整，此与中国旧理学风气相去尚不太远，此则可注意者。后则此时多创立实用学校，如江南水师学堂之类，传为富国强兵而设。民国以后，风气遂变，更因科目性质之不同，与学校负责者出身之不同，遂生许多派别，如习医者之多德日派，习艺术者多法国派，习教育者多美国派。近二十年来，教育行政人员多英美派，英人之深沉肃穆，吾人未学得，美人好自由喜游戏之皮毛，吾人悉数搬来。时至今日，中国教育无一致色彩，学校所培养之人材，多变为某某外国之应声虫，以言中国教育之前途，实令人不寒而栗也。

三、理想的中国教育。据《乡党篇》所论以谈中国教育，此篇方始不落空。小学设在乡县，教育目的不为升中学而设，自为一单元，小学毕业有小学之用。又如前所论乡村建设理论实现，小学毕业后工作正多也。吾国凡在国外习农者，往往主张多在都市设立大规模农场与大工业，而忽视中国固有的农业，因之与乡民造成一种距离，使乡人望而生畏，进而生忌，致不能展其所长。余意吾人应据其固有，一点一滴做去，用合作方式联络农村，始不致伤民间元气。因各地方之需要不同，小学课程尽可不必相同，而乡土历史地理一课，则应特别注意，此为爱国心最早的根源，由爱乡爱县，大必至于爱国。小学中特别优秀分子，则使之升学，或入中学，或入中级职业学校（职业学校之数量约可五六倍于中学），中学毕业直接升入大学。以中国目前需要论，有一大学即足，无须多设立也。各省各市，多设专门学校，培养实用人材，而大学则为专门研究学术之所。入职业学校者，皆能自食其力，此一可防止都市膨胀，一可使乡村日趋发展与繁荣，前所言乡人群趋都市之情形，自可减少，乡人爱国的观念自亦日益增强，依附外人之观念自消，且由乡农学校之意义以办学，尊师重道之风自易养成，此全赖乡村建设之成功，乡村建设成功，此一切莫不随之全部实现。

附论女学。儒书不论女学，因之有言中国无视女权者，实则中国古昔女权极高。盖中国为家庭本位，家长受有良好教育，则一家人皆受有良好教育，所谓“刑于寡妻”者是也。将来中国教育若仍以中国文化为本位，则今日中国女学问题有应重新考虑者。

若欲实现此理想，则有赖于吾人之努力。若只随波逐流，不自树立，异日吾人在历史上将受严厉之谴责。此愿为诸同学不惮再三言之者也。

内篇七　经世

（觐高笔记七月廿九日下午二至四时）

自《勉学篇》至《理学篇》，要为明体，本篇则为达用。本篇所论虽等纸上空谈，无补实际，然立言亦自有据。子曰："笾豆之事，则有司存。"又曰："出纳之吝，谓之有司。"古者设官分职，各有专司，然孔子之所以仍谈经世者，《学记》有云："学无当于五官，五官弗得不治，师无当于五服，五服弗得不亲。"此为儒者自处的根本态度。故学者虽于有司之守无一专攻，而经世之学仍不废讲，论则以枢要所在，通其本源也。

本篇所论，一曰目前政治制度问题，二曰昔日之经世之学，三曰目前要务。兹分述之：

一、目前政治制度问题。中国目前政治制度，病害实多，如行政机关之重复，行政效率之微小，论者言之详矣。北伐成功，逮今已逾十年，而三民五权之治仍未建立，尤自抗战以来，头痛医头，脚痛医脚，政治制度之繁杂为民国以来所未有。考厥原因，政治制度之所以紊乱，由于政治思想之无中心；政治思想之所以无中心，则由于东西文化问题未得一的[①]当的解决。至如营私植党，则由世势推移，其来有渐，乃中国文化上应有的病态，非一二个人能负其责。知政治问题之为文化问题，从而谋根本之解决，是为本篇立言之主旨。

二、昔日经世之学。六经诸子均为经世之书，而诸子为尤然，历代典章制度与诏令奏议，亦莫不以经世为其指归。视经世之学为专门学问，则肇自有唐。唐太宗与左右学士如魏徵、房玄龄辈畅论经世之要，后吴兢录之，题曰《贞观政要》，此书影响于后世者甚大。唐太宗复有《帝范》四卷，为帝王治世准范，亦经世之书也。后世此类书籍纷出，见之四库著录者有范祖禹《帝学》八卷，此与经筵劄子同为致君之学。

唐以前名奏议多附于文集，自《魏郑公谏录》后，有《陆宣公奏议》，奏议乃与文章离立别行。宋后凡大臣奏议，均有人为之编制成书，个人政治主张与一代政治改革，莫不可由

---

① 整理本误作“得”，据罗庸校定本改。

此窥其梗概。林虙编《西汉诏令》十二卷，后楼昉又编《东汉诏令》十一卷，宋敏求编《唐大诏令》一百二十卷，诏令总集自此始。宋赵汝愚有《诸臣奏议》一百五十卷，分十二门，一百十四目。明永乐时敕编《历代名臣奏议》，得三百五十卷，分六十四门。私家编录则有黄训《名臣经济录》五十三卷。至如国家典章制度，唐以前皆附正史，如《史记》八书、《汉书》十志皆是，自杜佑《通典》之后，乃离正史而独立。《通典》凡分九[①]门，曰食货、选举、职官、礼、乐、兵、刑、州郡、边防。后马端临《文献通考》，增为二十四门，名目纷杂，远不如《通典》之扼要矣。郑樵《通志》亦记录典章制度之书，逮后遂有会典、会要之书，记录一代典章制度。自朱子编《名臣言行录》二十四卷，李幼武续撰《名臣言行录》八卷，《别集》二十六卷，《外集》十四卷，后此则清沈[②]佳有《明儒言行录》十卷，朱轼有《史传三编》（帝王、名臣、名儒）五十六卷，由是有言行录之书。北宋以来，士大夫多着眼于地方政府，《州县提纲》一书（不知作者，然流传甚广）即此类。宋吕本中有《官箴》一卷，元苏天爵有《治世龟鉴》一卷，实亦论州县政治之书，计分六

① 整理本误作“八”。
② 整理本误作“李”。

门。如陈宏谋《五种遗规》（《养正》《教女》《从政》《训俗》《在官法戒录》）流传甚广，自明至清，此书成为地方官所必读，至今犹不能废。宋真德秀编《大学衍义》四十三卷，取格物致知、诚意正心、修身、齐家[①]可为后世楷模者，类举若干，编纂成书（治国、平天下，阙），为明清两代经筵进讲及分发州县必备之书。明丘浚[②]撰《大学衍义补》一百六十卷（另补治国、平天下两门），两书有体有用，为儒家一家之学。清代以《庭训格言》及《圣谕广训》两书为宣讲之书，洪杨乱后，流布甚广，亦一代之功令也。他如《经策通纂》《治平略》《广治平略》则卑为考试之用，比于兔园册子矣。逮有清末叶，有《皇朝经世文编》问世，后有《续编》《三编》《四编》。戊戌前后，康梁编《泰西新政览要》《西学书目表》等，盖踵旧规而为之。近三十年可分二期，前期为群言庞杂时期，后期为三民主义时期，近年之登仕版者，以为但读三民主义已足，不复旁求经世之道，十数年来，民众之困苦，如水益深，如火益烈，而为政者无以为计也。

总上所论，经世之书凡六类，为有心用此者所必读。盖经

① 编者按：此处脱“齐家”二字。真德秀《大学衍义》以格物致知、诚意正心、修身、齐家为四大纲。

② 整理本误作“丘玄浚”。

世则必于世务有真知，如顾亭林《天下郡国利病书》，有本有末，有体有用，乃真由实事求是而来者，外此则皆高头讲章而已。

至经世理论，就儒家言，可分政本、政事两端言之。

甲[①]，政本。又分四目：曰明伦，曰修身，曰尊贤，曰敬事。

兹先言明伦。明伦实中国文化之总态度，中国儒家除孟子外，不言治人与治于人，而言人与人间之关系，视人为一律平等的，人与人间自有天秩天序，盖敬长慈幼均出自天然，无劳丝毫勉强做作，能尽伦者即是治平，中国政治思想皆以此为其归的。教育亦以明伦为主。孟子曰："学则三代共之，皆所以明人伦也。"《中庸》："凡为天下国家有九经，曰修身也，尊贤也，亲亲也，敬大臣也，体群臣也，子庶民也，来百工也，柔远人也，怀诸侯也。""凡为天下国家有九经，所以行之者一也。"为国九经，皆言人与人之关系，行之者一，即明人伦之序。人与人间之关系正当合理，则儒家政治目标已达，此种政治理想，殆非今世所能梦见。于此试先设一问：设有外国顾问能设计开发中国资源，复以此资源为之训

① 整理本无"甲"字，但其下文讨论"政事"之前，标示为"乙"。故与"政事"相并列的"政本"之前当标示为"甲"。

练兵士，使中国跻于列强之林，吾将何以待之？谅必有举国相托，奉若神明者矣，不料此正孟子之所讥也。孟子曰："今之事君者，曰：'我能为君辟土地，充府库。'今之所谓良臣，古之所谓民贼也。""'我能为君约与国，战必克。'今之所谓良臣，古之所谓民贼也。"吾国民族志气，昔日何其高尚，自经西洋文化之磨炼与熏陶，一变而卑下至于如此，是可哀也。又"景春曰：'公孙衍、张仪岂不诚丈夫哉？一怒而诸侯惧，安居而天下熄。'孟子曰：'是焉得为大丈夫乎？子未学礼乎？……以顺为正者，妾妇之道也。居天下之广居，立天下之正位，行天下之大道。得志，与民由之；不得志，独行其道。富贵不能淫，贫贱不能移，威武不能屈，此之谓大丈夫。"夫今日而有公孙衍、张仪，吾人将比之于圣人，岂特如景春所云大丈夫而已。于此知吾先哲仁义之道，九经之训实为藑绝[1]，不可废坠也。

次言修身。明伦必先由自己做起，所谓行远必自迩也，是以修身尚焉。又分三目。曰贵德。贵德即无为而治。"无为而治者，其舜也与。""为政以德，譬如北辰，居其所而众星拱

① 疑"藑绝"当为"藑茅"之误，"藑茅"语出《楚辞·离骚》："索藑茅以筳篿兮，命灵氛为余占之。"王逸注："藑茅，灵草也。"

之。”盖无为而治实儒家理想的政治。次则“道之以德，齐之以礼”，故曰：“能以礼让为国乎，何有？”“是故君子先慎乎德，有德此有人，有人此有土，有土此有财，有财此有用。德者，本也；财者，末也。”若“道之以政，齐之以刑”，则非儒家之所欲言矣。次曰正己。所谓正己者，不能正其身，如正人何？盖正己即所以治国也。孟子：“有人于此，其待我以横逆，则君子必自反也，我必不仁也，必无礼也。”季康子问政，子曰：“政者，正也。子帅以正，孰敢不正。”皆发明正己之意。儒家政治为人治而非法治，所谓“人存政举，人亡政息”，盖人治则触处皆法，法治则触处皆死，不为一劳永逸而亟求薪火之传，此儒家所以自强不息也，此处最宜细辨。次曰齐家。何谓齐家？《大学》：“所谓治国必先齐其家者，其家不可教，而能教人者，无之。故君子不出于家而成教于国。”即是此意。盖孝者即所以事君，弟者即所以事长，慈者即所以使众。故《大学》又曰：“如保赤子，心诚求之，虽不中，不远矣，未有学养子而后嫁者也。”《孟子》：“国之本在家，”其意即此。《论语》：“或谓孔子曰：‘子奚不为政？’子曰：‘《书》云：孝乎惟孝，友于兄弟。是亦为政，奚其为政？’”是故子路问孔子之志，子曰：“老者安之，朋友信之，少者怀之，如此尽伦，乃为澈上澈下，乃可由家推及于国也。”齐景公问政，子曰：“君君臣臣父父子子。”“君君臣臣父父子子”亦治国齐家相并为说，尽伦本无内外也，欲用此者，宜知乎此。

次曰尊贤。何谓尊贤？老子曰：“不尚贤，使民不争。”是不尚贤也。墨子则尚贤，法家重法而不尊贤，儒则尊贤，尽能尊贤方能治民。《论语》：“鲁哀公问：‘何为则民服？’”孔子对曰：“举直错诸枉则民服。”因治民全在人格的感化。孟子曰：“国人皆曰贤而后察之，见贤焉然后用之。”亦尊贤之意。尊贤必先知其贤，此则有赖于知人之明。《论语》樊迟“问知，子曰：‘知人。’”是知人乃知之术，犹不忍之为仁术也。《尚书·皋陶谟[①]》九德之说，《大戴礼·文王官人》于观人之术已甚详尽，两汉郡举皆须知人，于是东汉有汝南月旦，及刘劭《人物志》而集其成，条目详备极矣。若语其总要，则子曰：“视其所以，观其所由，察其所安，人焉廋[②]哉？人焉廋[③]哉？”孟子曰：“我知言。”又曰：“存乎人者，莫良于眸子，听其言也，观其眸子，人焉廋[④]哉。”数

① 整理本误作“漠”。
② 整理本误作“痩”。
③ 同上。
④ 整理本误作“痩”。

言最为扼要，不可忽也。

次曰敬事。子曰：“事君敬其事而后其食。”又曰：“道千乘之国，敬事而信”。子谓子产：“有君子之道四焉，……其事上也敬。”子路问政，子曰：“先之，劳之。”请益，曰：“无倦。”能敬事，先民，而又居之无倦，治民之道备矣。

乙，政事。《论语》：“子适卫，冉有仆。子曰：‘庶矣哉！’曰：‘既庶矣，又何加焉？’曰：‘富之。’曰：‘既富矣，又何加焉？’曰：‘教之。’”为政之事不过兹三者，而其要在教。故曰自古皆有死，民无信不立。至孟子之时，诸侯大小兼并，始有制产之说，古无是也。通古今而言，政事内容不过八目：一曰官制，二曰选举，三曰食货，四曰礼乐，五曰兵制，六曰律例，七曰考工，八曰州郡（此略依杜佑《通典》增损之）。西化东来，吾人受影响最甚者曰食货，次兵制，次官制，次选举，次考工，次律例，受影响最少者为礼乐，比较未受影响者为州郡。是吾人之幸也，抑其不幸也。

三、目前要务。吾人今日所急切希望者，为变化西洋功利的制度，使纳于中国的法家范围之内。有此变化，即可使全民由殖民地国民的感觉，一变而为中国之国民，然后循《乡党篇》所云，使之由法入儒。由法入儒，即可使吾民由国民的感觉而为人的自觉，是乃吾人理想之境界。今姑置远大，且论目前，则经世之要务有亟宜改善者数端：

1. 官制宜力求简单化。今日中国之政治，党政二元，执行机关与监察机关二元，中央与地方行政机关之繁复，尤不胜屈指数，此其弊。使官无专责，事序迂滞，有利群趋，有过相诿，冗员靡费，抑其次也。救之之道，宜先求行政机关之简单化，使官有专责，事无推诿，则处理迅速，功过分明。

2. 厉行考选制度。杜绝幸进，无幸进则无私恩，无私恩则无朋党，此国家治乱之源，不可不察者也。今考试院考选委员会每年亦既有考试矣，然考选者往往投闲置散，反不若有奥援者之进身之速，是使求进者舍正路而弗由也。

3. 食货。一曰明公私，公私财政不明，则官吏假政府机关以营私利，利之归公者少而入私囊者多。二曰励廉耻，励廉耻自严惩贪污始，贪污之为害国家，人人知之，不复赘言，然必须不避豪右，乃克有济。三曰求均平，盖不患寡而患不均。不得其平，则民怨其上，积怨所至，国家未有不受其祸者。

4. 礼乐。礼乐以别上下，分尊卑，敬老尊贤，胥赖等威，吾国今日上下混淆，实已至礼坏乐崩之域，及兹不图，国非其国矣。

5. 兵制。名曰征兵，实则买丁拉夫以充名额，而兵之用于作战之时者十之一。平日屯驻，坐食而已，兵多而民匮，营散而田荒，此亦国家之大患也。救之之术，舍乡民自卫外，莫如屯田，次则兵工，务使离乡丁壮，不废生产，在军不致劳百姓，退伍不致成游民。

6. 律例。吾国司法权限不清，司法人员生活无保障，国人不知尊重司法，致使军权与司法不分，刑罚不中，民无所措手足，不此之图，中国难言法治也。

7. 考工。靡费多而效率少，此大违“日省月试①、既②禀称事”之旨，吾人于此宜加深思。

8. 州郡。今之县长，似仅为收发文书而设，骈枝机关，分其事权，几至无余。上焉者欲作事而无权，下焉者乃专搜刮民财，害民蠹政，莫逾乎此，非施行乡治则无以专其责成也。

方今天下滔滔，为政者汲汲终日，方且有所不及，自难于仓卒间求其改善。吾人以上云云，亦不过就所见而姑妄言之耳。

---

① 整理本误作“视”。

② 整理本误作“气”。

外篇七　儒侠

（觐高笔记七月三十日上午八时半至十时）

儒侠二字见《韩非子》，《史记·游侠列传》引《韩子》曰："儒以文乱法，侠以武犯禁，二者皆讥。"言儒以放言触法，而侠以武干禁，此与法家之术不相容。然史迁实尊儒侠，非韩非之比也。古昔国之大事，在祀与戎，司祀礼官，司戎武将，文武并重，是以春秋之世，列国之大夫皆文武兼资，悳[1]《周礼》所云六悳六行六艺备于一身。至战国风气乃变，各国诸侯皆广蓄爪牙，厚养死士，乃至世卿亦莫不养士，战国四公子，其最著者也。诸侯所养之士，多有出自寒门，且不能兼备众长。于是文人之被蓄于诸侯世卿者，谓

① 整理本误作"基"。罗庸校定本作"悳"，同"德"。

之儒生[1]；武士之被蓄于诸侯世卿者为游侠。此儒生游侠，但知私门恩怨，然游侠言信行果，每当于义，儒士动合乎礼，此影响于世道人心者实至深且钜。秦并六国有天下，儒生或为坑杀，或逃隐乡间，豪俊则移之咸阳，亦有隐于草泽逃名避世者。生逢乱世，儒士每成隐逸，游侠多流荡草泽，秦其始也。汉高祖韩信即草泽之雄，而叔孙通张苍之流，特隐逸之杰出者耳。两汉有国四百年，文人武士，出将入相，不复以隐逸自鸣其高，然亦有文人而僻定乡里，横议国事，此为处士；武人而僻处乡里，往往为人排难解纷，维持地方秩序，不必尽皆鱼肉乡民也，此为豪强。处士豪强，实即本篇所称之儒侠。政治清明，民间对政府无怨望之意，处士豪强，皆能安于乡里，然若朝廷所用非人，则裹胁民众为乱者，胥此儒侠为王之主也，赤眉黄巾即是好例。成王败寇，光武云台二十八将是其成功者耳。此后文人往往依附武人，沦为策士，而侠之下焉者，则沦为土豪。至有唐开国，武人多为将，士多为相，文武相辅，益国实多。天宝以后，武人多据地自雄，于是养士之风又起，游侠之徒，多有如稗官所写类《虬髯客》者，文人则依诸侯作幕僚，如李义山是。至北宋而风气又变。考试

① 整理本误作“士”，据罗庸校正本改。

制度固可使白屋寒士骤跻公卿，然为官执政者必赖幕府为之辅，北宋文人出路只此而已。武人之跻显要者，则执国柄，否则退为豪强。幕府为政治干部，幕府之退而归田者，则往往包揽词讼，成为劣绅土豪，糜烂乡里。劣绅与贪官复上下其手，极尽剥削乡民之能事，乡民迫于生存，隐忍吞泣，无处声诉，于是儒侠挺身而出（理学家即在此种风气下提倡建立新的儒者风气）。梁山泊宋江三十六人事迹，正史所载不详，然《水浒》记载正是代表元明人的一种想法，战国侠客之风重新映现于社会之上，《水浒》一书民间流行甚广，此书对于养成民间儒侠精神，为力至巨。至明清两代，劣绅土豪多外假儒侠之名，实则鱼肉乡里，无恶不为。天下大乱，此所谓武侠者复窜之深山大泽，啸聚为寇，而朝廷之于流寇，每剿抚兼施，于是策士也，幕府也，劣绅也，土匪也，官兵也，实一而二二而一者也。官匪复勾结朋比，为患农村，乡民痛呻吟于官匪交迫之下，而无可如何。明清兵匪问题，性质概此类。劣绅而登仕版，正旧社会中之标准官僚，官僚恶习奸计，无不知之稔熟。民初以至国民革命，政治上为军阀与官僚之勾结，乡县地方则为劣绅与土匪之勾结，中国历史上，仅战国、两汉、北宋、南宋初为儒侠真正精神的表现，外此则假儒侠之名以利其私而已。明末清初，有明代遗民，绻怀故国，不甘归附新朝，而复迫于生活，于是产生一种秘密组织，往往又隐晦其词，使伺察者无所用其计。如浙江省各处，有所谓朱大天君庙者，庙规模甚小，神像则秘不使人见。每年四月二十五日，拜朱大天君者，素食一日，称朱天素。此日神像任人参拜。所谓朱天君者，披发赤足，乃崇祯殉国御像。所以四月二十五日任人参拜者，崇祯甲申三月十九日殉国，消息传至浙江，正四月二十五日也。此影响于江浙之秘密组织者甚大。

罗贯中《三国演义》一书，崇蜀黜魏，尊关羽若天人。清代罗书大行，关羽之为乡民膜拜，盖罗书力也。崇蜀观念使明代遗民之不甘于降清者，往往发生民族思想，乡间居民之书写天地君亲师而顶礼膜拜之者，此君即指朱明之君，盖寓有故国之思焉。后各地之帮会组织，莫不有反清复明思想，即继承上述各种风气而来，如在下江称曰青红帮，上江曰袍哥（即哥老会），青帮奉达摩祖师，多习少林拳术，红帮则奉观音菩萨与关圣，此其受佛教与《三国演义》的影响为多也。红帮传至北方则为安清，安清之表现最和平者曰理门，隐在草莽者则为白莲教、一炷香，在河南为红枪会、大刀会、小刀会，此均为强固的民众力量，凡所行为且有真正的义气在内。此种组织至今不绝，在海外者则有洪门，美国纽约唐人街，所谓某某堂者，即为此种组织。中山先生首创兴中会，即多获助于海外之洪门，多次起义经费全赖洪门为之筹措，黄兴、宋教仁实此种秘密组织中之健者，是故中山先生革命，黄宋之力为独多焉。今日海外洪门，多为黄夫人所领导。又沪上闻人如黄金荣、杜月笙均帮会中领袖，十数年来对政府裨助亦多。惟帮会分子多下层民众，知识简单，易为人所利用，况当今秉国钧者，宗教思想复多与之不同，此种力量一旦为敌人所利用，危险所至有不堪言者。以今日而言儒侠，则儒之力为弱，侠之力为强，善培养之利用之，诚为今日紧要之图。如能使此帮会武力成为民众武力，行侠仗义，为乡民谋福利，此即中国之武士道也。读书分子能循《乡党篇》所云以行，则宋理学家所称之儒即可重现于今日。儒侠合作，此为民间真正的力量，不可以其隐而忽之也。于此附论及之者两事：一、中国共产党，二、日本人。以余听见，凡中国共产党之优秀分子，其活动之中心力量非《资本论》与唯物史观，而实为中国故有的侠义之气，固知一民族之文化，有其定型，面目虽更，实质不变，此在有眼光者能见之耳。至言日本之强，其因有二，一曰武士道，明治维新后，武士道与新军合成一种新的力量；二曰明治维新，伊藤博文尝曰，明治维新得王阳明知行合一之赐。此武士道与明治维新实即日本之儒侠，儒侠并力合作，国家未有不兴者。儒者仁之代表，侠者义之代表，仁义流行，国乌得覆亡也哉？而中国今日，凛然有覆亡之惧矣，此吾人所宜深省者也。

内篇八　文章

（八月五日下午二至四时三十分）

本篇共分四段：一、中国文学上诸问题；二、文学史研究法；三、中国文学之前途；四、附论中国之艺术。

一、中国文学上诸问题。今论中国文学上诸问题，必立于新文学的观点之上，始能包括，此宜先知。兹分论之：

1. 传统与创造。新文学运动之初，反对传统而提倡创造，逮后乃有接受文学遗产之说。抗战以来，昔之新文学家，复多演习作旧诗者，是则传统之复活也。于此略述余对此问题之见解：

陆机《文赋》云："虽纷蔼于此世，嗟不盈于予掬。"中国往昔文籍虽浩如烟海，而真能代表时代流传永久者，实百不一见也。故何者可供后人模拟讽诵，何者不足供后人模拟讽诵，须有拣别于其间。所谓传统云者，正自有问题也。于此必有一标准焉，以衡量往昔之文学。此标准维何？曰立诚。历验前世至诚无伪之作品，则必能发现真的中国文学作品，实足代表中国文化，如爱好和平与非战思想等成分是。能知中国文化之前途，始可与言接受传统与否。接受传统与不接受传统，关键在承认中国文化与否，不在文章表面之形式也。至近人所谓创造，其概念至为模糊不清。吾人读文学史，知所谓创造者，必有赖于深厚的历史基础，但为推陈出新而已，凭空创造，其作品必不能持久也。如依欧西文学规模以谈创造，固可一新面目，然能欣赏之者必甚寥寥。夫创造云者，亦宜以立诚为本，对于目前社会之不良现象，毋须隐讳，于未来之希望与理想，亦不必揠苗助长。此即立诚。如出身于小康之家者，能将自己意识与生活如实写出，即是好作品。岂必以写劳动工人始为杰作也？立诚可以鉴别传统，立诚复可以决定创造，谈创造与传统，均应以立诚为本。

2. 死语言与活语言。新文学运动之初期，则有文言白话之争，后则分辩死语言与活语言。近今复有所谓语言宜大众化者，实一问题之异称也，此问题得一解决，则文言白话之界限与骈散问题均可得一解决。夫今日之所谓文言文，乃指晚周秦汉之散文形式而言，骈文不包括在内。盖《左传》《国语》、诸子与《史记》之文，非当日之白话，实为周室推行之雅言，如《左传》楚人称虎曰於菟，又如《说苑·越人歌》之原文，此乃当日楚越之白话，吾人不能解也。又如《国语》中吴语多用复音，如句吴于越等，均与北人不同。至东周晚年，各地方言歧异仍甚大，是以孟子称许行为南蛮鴃[①]舌之人。又如高本汉称《论语》为鲁语，《国语》《左传》为晋语，又如《荀子》多用“业”字，《墨子》多用“焉”字，是皆各地方言不同之证。《中庸》言“书同文”，非仅指文字相同，亦指雅言之相同也。晚周秦汉之文言文，即在此种政治推行之下发展，其形式即当日之雅言。各地口语虽不同，然士大夫必须练习雅言始能从政，此使各国语言渐趋统一，此即昔日文学家所拥护之文言文是也。以此知适之先生倡为“文学的国语，国语的文学”之说实为不朽之论，盖即建立一新的雅言也。骈文即非晚周雅言，所用又非时代用语，仅可称之为“诗化的文学”，其声韵对仗全由诗蜕化而来，是故诗、赋、骈文实为一类（当别为论）。自胡氏“国语的文学，文学的国语”主张出，从事新文学运动者，多不能遵照实行，致使新文学之构造用语多欧化，欧化成分愈多，其距离国语必愈远，于是提倡大

① 整理本误作“驮”。

众语之论又起。究之何者为大众语，标准实难定也。语言之死活，至今犹为聚讼纷纭悬而未决之问题。余意在中国而言，语言之死活，非拉丁文与近代欧文之比，中国语言之死活非绝对的，中国辞汇之多寡，因智识程度之差异而有区别，如一种语言在不识字者视之为死语言，然在稍有智识者视之则为活的。古语言与现代语言在各阶层中恰如一金字塔，其最下层则大众语成分最多，愈有智识则古语成分愈多。今日所谓死语言云云者，语言之真死者为数实甚少也。而方言之不同，使语言之死活尤不易定。举例言之，杜牧《阿房宫赋》“六王毕，四海一”之“毕”字，应为死语言矣，而今日在河南一带则仍为土语。又如六朝人之称“宁馨儿”，今日苏州语之ㄋㄚㄏㄥ实即宁馨二字之变。又如阿堵，苏人称曰ㄚㄉㄨ皆是。由纵面论，因智识差异，语言难定死活；由横面论，因方言不同，语言难定死活。盖历史趋势与人之要求恒不相符，人之要求往往不敌历史的势力。准此而言，则今日国语推行尚不能普遍，周代雅言尚未死亡，国语或未遽能取雅言而代之，而三五百年之后，今日之国语亦即异日之雅言也。故吾人可断言者，将来之文学可以成为潮流者，一为旧日文言，一为国语的文学，若骈体文，则必趋消灭，组织骈文之各因素，或将融合于国语的文学之中，盖骈体文原为一非正常的发展也。复次，在纯文学作品之中，土语成分紧要，地方性愈重，其文学价值愈高，其感人力量亦必愈大，然能了解之者亦必仅为少数人，故土语之价值别有所在，非所论于大众化也。至谈文章欧化问题，与语言之死活问题有相类处，能读西书者，读欧化作品必不费力，反之则否，此亦颇有类于古语之存在于智识阶级也。

3. 新形式与旧形式。自抗战以来，文学形式问题成为文人争论之焦点。此问题实包含两种意义：一曰文体存废问题，二曰旧文体是否能包容新思想。夫文体之存废，全依于社会的需要，其演变本至自然，盖社会变化，此种社会所需要之文体自趋衰落也。然亦有某种文体，仅更换名目而能永存于社会之上，如昔之诏令圣旨，今之训令通告是；亦有名目不变而永存者，如传记书信之类；然亦有某种文体，忽然消灭于无形者，如连珠、七[①]、宋后之上梁文、青词皆是。文体之存废，仅能于此三种情形之下发展，然此三者又非人力之所能为，吾人所宜注意者，此种种文体，在一代中是否有一贯的面目耳。至旧形式是否能包容新思想，新思想是否将因旧形式而为之改换面目，此则大可注意（如饶汉祥书牍每模拟《陆宣公奏议》，因使黎元洪俨若古昔皇帝，此为文者宜知避免）。大天才必可驱使

① 整理本误作“士”。

文体，不为文体所用，然若为防止旧文体之流弊，则宁采用新文体也。于此有宜补充者，即政府往往为守旧的，旧日典礼节文恒存于官守，保守勿失，今日政府文告多用文言，盖为必然的结果，异日民间文学长成后，或能取而代之耳。

二、**文学史研究法**。文学史之任务在温故知新，彰往察来，在知文体之成长灭亡，依于何种规律，从而推测文学之前途，是故文学史之研究，非所以故炫广博也。今日吾人文学史之研究，因工作目标不定，致生几许误解。研究文学史须由两面着手：一曰史料，二曰方法。整理史料须从搜集、校勘两者入手，先使史料成为可靠的材料，因研究史料进而研究作家之身世，为之整理编年，整理各代对于某一文学家之批评，皆史料之整理工夫，然非即文学史也。次论研究文学史之方法。文学史者何？文学史者每一时代人的情绪演变史也，文学史应将每一代人的情绪说明清楚，不宁惟是文学史，且为文体的演变史，具此两者则为完美之文学史。今日吾人所做到者，仅为文学史料的目录而已，离史料之完成尚相去甚远。今日之治文学史者，渐多趋于史料的考证工作，北大则注意于文体之演变，至于说明一代人之情绪方面，则尚少有人注意。盖一作家若能代表当代人对于社会环境情绪的反映，其文学便是真文学，否则为假文学。于此作过工夫，始能鉴别何者为真文学，何者为假文学，何者为有价值的文学作品，何者为无价值的文学作品。另有宜注意者，即中国文学所受外国的影响是，如词受西域音乐的影响是。此种工作甚大，吾人今日尚未于此着手。就已作出的成绩而言，吾人已可对文学规律加以说明。如文学新体裁，或产自民间或来自外国，逮其体裁为文人所接受，则为此体裁之灿烂时期等即是其例。今人又有倡为文学必接受传统者，此必有天才学力始足以涌纳众流，如杜甫即其例。又或不因袭传统专持[①]天才，亦可使文学作品成为不朽，如李白、纳兰容若均是。舍此两途，文学作品难言成功也。

总上以言，研究文学史不过使吾人一可别裁伪体，二可使吾人知文学应走的途径而已。

三、**中国文学之前途**。更分二目：曰创作与批评，曰文艺与实用。兹分论之：

甲，创作与批评。文学理论与文学作品，实互为因果，有好理论即有好作品，有好作品而后可有好的理论。如欲中国文学有前途，吾人究应于何处着力乎？兹先言创作，更分三面言之：

1. 论议文。中国古今持论之文，以周秦散文、魏晋玄学及

---

① 疑为“恃”字之误。

唐法相宗文字最为杰出，退之实不能持论，退之而下之古文家，能持论者盖甚少也。明代八股流毒所及，使论理文字愈趋崩坏。今后如欲求论理文之进步，则印度之因明学与欧西论理学必须精读。

2. 抒情文。中国人不善作抒情文字，推厥原因则在于国人生活麻木不仁，作者感情不足，何能产生跳动活泼感情热烈之文字？与西人相较，其去甚远，救之之道，首在改变国人之生活，使成为仁义流行始克有济。

3. 记叙文。吾国记叙文字，除《左传》《史记》《水经注》《洛阳伽蓝记》而外，皆贫弱无力，此皆源于吾人观察失之粗忽，外物交映于前，而不能使吾人获得深刻之印象。救之之道，舍练习观察而外，无路可循也。

总上三失（吾人不善持论，不善抒情，记叙不深刻），要须体仁求知以救之，力行近乎仁，好学近乎知，吾人当三复斯言。

次论批评。中国至今无好的文学批评，其因由于哲学理论无基础。中国文学批评（文评诗话）发达时期，正值中国哲学衰退时期，欲文学批评之建立，须哲学心理学基础深厚，文学批评与文学作品实互为因果，此断断不可忽视者也。

乙，文艺与实用。实用文体，亦宜有深厚情绪为其基础，此则有赖于文艺家之推荡，文艺家之风格能普遍及于一般民众，则国人情绪自趋活泼，且能使民族有生气与风趣（今日作家犯一共同毛病，多失之轻忽），如此则实用文亦皆文艺文矣。

四、附论中国之艺术。明末清初，国人不喜外国艺术。戊戌维新后，风气则与之相反。近十年来，复有人为中国艺术辩护，如朱孟实、丰子恺皆持之有故，言之成理。然中国艺术问题实甚简单也，兹分绘画、书法、印章、建筑、园艺、塑雕、装饰、戏剧八项述之。

1. 绘画。各国绘画之发展，均有一固定之程序，即人物画与故事画发展最早。中国绘画直至三国初年，尚在人物画与故事画时期，如《列女传》、武梁祠绘像皆可证。西汉绘画已知于人物之旁加添景物，至东晋景物逐渐扩大，人物逐渐缩小。若山水画之完成，则始于梁元帝之时，只写人物之意境，不必复有故事矣。唐代佛像雕刻输入中国，佛像绘画遂多，阴影画亦渐萌芽。唐金碧山水多勾勒，自王维有泼墨画，于是有没骨画。自是唐人山水分为南北两宗。至宋南北两宗渐趋调和，如大小米之没骨画已不多见，如大小李将军之金碧山水亦不多见。五代时多绘雀鸟，人物画故事画渐少。元后多绘士风，至明则多绘仕女，于是又转而成故事画。清代风气约略如此。自元人绘货郎担至明人绘仕女图，绘画风格愈变愈恶，唐人韵味垂垂尽矣。适西画东来，为中国画又辟一新境界。惟西画多写生而少情韵，今后之中国画如能以写生为基础，加之以固有之情韵，则国画必放一异彩也。

2. 书法。若言古今，自宋帖而后，中国书法已不得云古；若言雅俗，自明而后已俗而不雅。盖碑版文字至唐已至末路，唐后转写晋帖，至明复衰，明清馆阁体大盛，而书法愈趋于俗矣。近人多临魏晋，亦有写金文甲文者，然仍不免于俗，此生活趣味之卑下有以致之。东汉之前，国人对于写字无甚理论，东汉始论笔势，至卫夫人则论笔意，写字理论至魏晋而极，此后生活趣味愈俗而杂，书法亦愈失纯美之趣，至今日乃并不及倭人，是可耻也。

3. 印章。此为中国与日本特有之艺术。秦玺汉印，均足为后人之楷模，晋唐多用签押，北宋后用印章而形式殊劣，直至明末皆如此。清代风气渐变，分浙派与皖派。近日印章愈趋于雅，此则日本望尘莫及者也。

上述三者均与汉字存废问题有关，此亦可注意。

4. 建筑。中国建筑在中国文化上占极重要之地位，如看西洋中世纪以前建筑（如罗马大教堂），往往使人感觉宗教之崇高而自己为渺小，至近代纽约建筑则与人以压迫的感觉，中国建筑反是。中国建筑予人之感觉则人为主物为宾，任何建筑似均可玩之于掌上者，尤以色泽之调和，富艺术之价值，如旧都宫殿，墙基白色，上为红墙，再上为红柱黄瓦，在在予人以玲珑美丽之感。中国建筑不亡，中国本位文化亦必不亡，且进而将影响西人之建筑。

5. 园艺。吾人园艺尚自然，与西人不同。园艺最发达时期为明末，惟失之细碎，然自然风趣尚能保持勿坠耳。

6. 塑雕。佛像之在中国触处皆是，然由云岗石佛与龙门佛像作比，则知中国塑雕愈变愈劣，由北魏至唐，塑雕由自然变为不自然，活的变为呆板，印度与暹罗则比吾人为优，塑雕之变动盖与国人宗教信仰有甚大之关系焉。

7. 装饰。汉人装潢必甚美丽，唐代则多西域风格，宋渐衰退，元明以后尤趋于恶劣。唐人衣饰甚美，宋后趋于简单，明后益趋于丑恶，颜色配制均甚难看。今日之衣饰、色泽趋于素淡，此为一优良倾向，但礼服形式仍须改制耳。

8. 戏剧。近日绝对反对旧戏者有之，绝对拥护旧戏者有之，然态度均失之偏。由戏剧内容与故事组织及暗示的意义各方面论之，中国旧戏远不能与西人戏剧比肩，此不仅皮黄、秦腔为然，即如元剧亦如此。盖中国戏剧之发生，正当中国文化衰落时期，其内容与技术之拙劣有必然者。就音乐方面言之，中国戏剧亦极拙劣，盖自唐至宋，中国乐调日趋退化，自二十八调退至十三调，再后退至五宫，至昆曲则仅余二调，而皮簧则只有一调，此一调且不具七音。就乐理而言，中国戏剧幼稚简单已达极点，于此而欲与西人戏剧分庭抗礼，实为不自量力。如就跳舞言，中国戏中之跳舞亦殊无价值，至编剧之拙，词句之粗，皆足为中国戏剧之病。然中国戏剧之价值果何在乎？余曰：中国戏剧非写实的而为象征的，其价值厥在象征的意义（如两手作开门状，即表示开门是）。艺术本非现实的，此处非现实的表演，实即中国戏剧艺术的价值所在，中国戏剧处处吸引观众集中心力于演员本身，此经济的手腕即富有艺术的价值。中国戏剧尚能苟延残喘于今日者，端赖其尚有艺术的价值，绝对拥护与绝对反对之论，要皆失之偏畸耳。

上述八者，如皆调谐美雅，则此民族给人的观感自然美雅，若只表面的铺张，固无补于内在的寒伧也。

《文章篇》补

（觐高笔记八月六日下午二时）

昨日讲《文章篇》，意犹未尽，今再补论一章曰《中国诗的问题》。

中国诗的问题，余对于新旧诗的意见，数年以来无甚变化。盖诗欲成体，早年不经乐诗阶段，文学史上无其先例。今日欲创新诗，其路有二：一由民间产生，如《古诗十九首》；一循唐诗曲故路，借镜于外国音乐。外此未见其可也。近日新诗乃近宋诗，仅有意境画境而无音乐意味，且多不能与目前意境相合，故不能得大众之拥护；不能得大众拥护，则不能成为潮流。旧诗已至绝路，此无容讳言，因旧诗已不能推陈出新别造新境。然若未来之新诗完全抛弃旧诗因素亦极困难，此则可断言者也。

外篇八　风俗

（觐高笔记八月六日下午三时至四时半）

本篇亦分三段：一曰风教与民俗，二曰风俗之分析，三曰移风易俗与化民成俗。兹分论之：

一、风教与民俗。本段更分二目：

甲、过去的风教论。儒者尚德，注意无形中的感化，然孔子之前所谓德，盖指善恶两面言之[①]，感化之化亦少有人论及。《诗》："赫赫师尹，民具尔瞻。"仍为具体的模仿，非注意于感化也。孔子始注意于感化。《论语》："君子之德风，小人之德草，草上之风，必偃。"风行草偃即是孔子化人的具体论据。《中庸》："诚则形，形则著，著则明，明则

① 整理本误作"而言"，据罗庸校定本改。

动，动则变，变则化，唯天下至诚为能化。”《乐记》：“移风易俗，莫善于乐。”《学记》：“君子如欲化民成俗，其必由学乎？”皆可阐明化字之意。《易》：“所遇者化，所存者神。”至汉阴阳家遂成感通之说，由移风易俗化民成俗至感通之说，感化理论于焉完成。儒家最注意风俗问题，是以西汉子书，如桓宽《盐铁论》，又如《史记》“货殖列传”“游侠列传”，均谈及当时风俗。下逮班固《汉书·地理志》，尤注意各地风俗。由史家之注意各地风俗，知学者皆注意政治学术对地方之影响。易言之，即学者甚注意移风易俗之责任。应劭《风俗通》一书，内容虽极凌杂，然由此亦可知儒者之注意各地风俗也。风俗之坏，自魏武帝肇其端，至两晋风俗益渝[①]。南渡后，士夫洁身自爱者，至多父子相告诫，相期为善而已，风俗问题无人过问。直至六朝之末，风气略同（《颜氏家训》有《风操[②]篇》，在当时为特殊的见解）。唐为一自由时代，然唐人行为尚未逾越规矩，盖民族于其活力正富之时，行为好尚，自有法度。五代而后，风俗渐颓，是以北宋理学家极知注意礼俗。宋元明清大致相似。曾文正公有云：“风

① 整理本误作“沦”，根据罗庸校定本改。

② 整理本误作“俗”。

俗之厚薄奚自乎？自乎一二人心之所向而已。”学者不可不反躬自省也。

乙、近年的民俗学。中国之有民俗学，始于民国十一年，北大研究所国学门有民俗一门，特成绩未甚昭著。后十七八年中山大学成立民俗学会，有《民俗》周①刊问世，风气始盛，此种工作实甚重要，唯国人每每忽视之。

二、风俗之分析。凡言风俗，概②括有下列三者：1. 民间成长之礼俗。2. 习惯相沿之习俗。3. 政教养成之风俗。民间礼俗，由民间自然成长，有深厚之历史根据。举例以言：如民家供灶土，面西向，称东厨司命，《仪礼》“厨在东”，此其据也，意者古代穴居野处之时，厨房在左，故后日称曰东厨。又如北平俗称有“男不拜月，女不祭灶”之言，此实契丹风俗与汉人风俗之混合（参见向觉明译派免氏③《鞑靼千年史》）。凡由初民社会演变而来，吾人知其然而不知其所以然者，均可归之礼俗类。礼俗发展亦可成为国家大典，如满洲祭天，原为萨

① 整理本误作“季”。《民俗》周刊由国立中山大学语言历史学研究所民俗学会1928年创刊，至1933年6月出刊123期停刊，1936年9月复刊，才更名为《民俗》季刊。

② 整理本误作“盖”。

③ “派免氏”今译作“巴克尔”。

满教礼节，后清人入关，宫中特设祭天殿，即是其例。礼亦可以变化成俗，如婚礼亲迎，至今北方婚礼中仍有之。昔日处理礼俗之态度，约有两种：一曰革陋俗，唯多矫枉过正之处；二曰保留民间礼俗，借此联络民间感情。礼俗简单，固亦节省国富之道，然此正为民间富庶之表现，设救死不暇，乡民更何暇及此也。是以保留民俗，亦不可遇事非议。习惯相沿之习俗，其来源有二：一寓有劝惩之意，如欲劝人为善，故为提倡迷信，太炎先生《检论》，论及《淮南子·齐俗训》甚得此意，往往社会上的禁忌多此类，此并可使民间生活增加情趣，不必尽破除之也；二则有悲惨之社会生活为其背景，如早婚。早婚之故，实源于农村经济生活之需要，从政治民者，对于习俗宜分别加以处理，至于由政教养成之风俗，则与上述两者殊途，教育与政治之优良设施，可在民间发生良好○○，如提倡孝悌，如○廉让，此为政教养成的文化的力量，若如乡间百姓，但知学官家模样，则其弊也。

三、移风易俗与化民成俗。移风易俗与化民成俗取意不同。化民成俗乃尚德之事，中道而立而民从之者也；移风易俗则包有人力勉强之意。今日之中国，有意无意败坏风俗者有之，次则硁硁自守，于风俗良败不闻不问，亦有矫枉过正之徒，〇[1]切偾事，虽曰改良风俗，而其结果适得其反。如近日某地禁止民众购买纸箔，名曰节省民力，实则孝敬祖先，寓有慎终追远之意，此其代价宜较纸张之费为多也。为官从政者，但知其一不知其二，此其例矣。如有特立独行之士，挺立于狂风暴雨之中，为百姓作倡导，必可影响他人。此即化民成俗之盛业，于此愿提出八项意见，期与诸君共勉。

1. 敦孝弟。乱离之年，吾人流浪在外，家庭观念日趋淡薄，此大可虑者也。老吾老以及人之老，幼吾幼以及人之幼，但知厚于友情而薄于父母昆弟者，其人无足取也。

2. 谨伦纪。伦纪即人与人之间的关系，伦纪之败坏，至于今日极矣。《论语》：“君不君，臣不臣，父不父，子不子。”今日社会伦纪之乱，实有过之而无不及：在上者收买利用，在下者逢迎谄媚；朋友之间尔虞我诈，朝秦暮楚；若言夫妇，其关系紊乱无纪。今日而言谨伦纪，实当前刻不容缓之图。

3. 主忠信。国人之大病在夸诈诡谲，自鸣得意，然于对外则不敢肆行无忌，以西人有所不容也，此其可耻无可比拟。孔

① 编者按：疑此处当缺一“操”字，“操切”言做事过于急躁，与文意正相合。

子不云乎，“言忠信，行笃敬，虽蛮夷之邦行矣。”旨哉斯言，吾人当深思力行之以革此偷风也。

4. 崇礼让。今日人与人之间有争而无让，自权利义务之说兴而愈烈，此大非中国文化之态度也。诸君北面，我自西向，如此方是特立独行之士，愿与诸君以此互勉。

5. 励廉耻。廉，有方正之意。人有不为也而后可以有为，必如此立身始有规模，故廉耻二字相连为用。社会风气之坏，由无耻开其端，故励廉必由知耻始。顾亭林曰“行已有耻”，言耻而廉在其中矣。

6. 节俭。俭以养廉，故节俭尚焉。

7. ○○○○○○○○○○○○○○

8. 明是非。社会之紊乱由于是非不明，习非成是，民不见德，惟乱是闻，社会必日趋于乱，是非明则上述之病皆除，故移风易俗首自明是非始，亦以是终其目焉。

以上八者，卑之无甚高论，然皆吾人切身要务，风俗之厚薄，自乎一二人心之所向，同学诸君，慎不可自暴自弃，○自绝于本文特立独行之君子。

国家新闻出版广电总局
首届向全国推荐中华优秀传统文化普及图书

‖大家小书书目

经典常谈	朱自清　著
语言与文化	罗常培　著
习坎庸言校正	罗　庸　著　杜志勇　校注
鸭池十讲（增订本）	罗　庸　著　杜志勇　编订
古代汉语常识	王　力　著
国学概论新编	谭正璧　编著
文言尺牍入门	谭正璧　著
日用交谊尺牍	谭正璧　著
敦煌学概论	姜亮夫　著
训诂简论	陆宗达　著
金石丛话	施蛰存　著
常识	周有光　著　叶　芳　编
文言津逮	张中行　著
中国字典史略	刘叶秋　著

古典目录学浅说	来新夏　著
闲谈写对联	白化文　著
怎样使用标点符号（增订本）	苏培成　著
诗境浅说	俞陛云　著
唐五代词境浅说	俞陛云　著
北宋词境浅说	俞陛云　著
南宋词境浅说	俞陛云　著
人间词话新注	王国维　著　滕咸惠　校注
苏辛词说	顾　随　著　陈　均　校
诗论	朱光潜　著
唐诗杂论	闻一多　著
诗词格律概要	王　力　著
唐宋词欣赏	夏承焘　著
槐屋古诗说	俞平伯　著
词学十讲	龙榆生　著
词曲概论	龙榆生　著
中国古典诗歌讲稿	浦江清　著 浦汉明　彭书麟　整理

唐人绝句启蒙	李霁野　著
唐宋词启蒙	李霁野　著
古典文学略述	王季思　著　王兆凯　编
古典戏曲略说	王季思　著　王兆凯　编
唐宋词概说	吴世昌　著
宋词赏析	沈祖棻　著
道教徒的诗人李白及其痛苦	李长之　著
闲坐说诗经	金性尧　著
陶渊明批评	萧望卿　著
舒芜说诗	舒　芜　著
名篇词例选说	叶嘉莹　著
唐诗纵横谈	周勋初　著
楚辞讲座	汤炳正　著
	汤序波　汤文瑞　整理
好诗不厌百回读	袁行霈　著
山水有清音	
——古代山水田园诗鉴要	葛晓音　著

门外文谈	鲁　迅　著
我的杂学	周作人　著　张丽华　编
论雅俗共赏	朱自清　著
文学概论讲义	老　舍　著
中国文学史导论	罗　庸　著　杜志勇　辑校
给少男少女	李霁野　著
鲁迅批判	李长之　著
英美现代诗谈	王佐良　著　董伯韬　编
三国谈心录	金性尧　著
夜阑话韩柳	金性尧　著
英语学习	李赋宁　著
漫谈西方文学	李赋宁　著
历代笔记概述	刘叶秋　著
笔祸史谈丛	黄　裳　著
古典诗文述略	吴小如　著
有琴一张	资中筠　著
鲁迅作品细读	钱理群　著
唐宋八大家 ——古代散文的典范	葛晓音　选译

红楼梦考证	胡　适　著
《水浒传》与中国社会	萨孟武　著
《西游记》与中国古代政治	萨孟武　著
《红楼梦》与中国旧家庭	萨孟武　著
《金瓶梅》人物	孟　超　著　张光宇　绘
水泊梁山英雄谱	孟　超　著　张光宇　绘
《红楼梦》探源	吴世昌　著
《西游记》漫话	林　庚　著
细说红楼	周绍良　著
红楼小讲	周汝昌　著　周伦玲　整理
曹雪芹的故事	周汝昌　著　周伦玲　整理
古典小说漫稿	吴小如　著
三生石上旧精魂 ——中国古代小说与宗教	白化文　著
《金瓶梅》十二讲	宁宗一　著
古体小说论要	程毅中　著
近体小说论要	程毅中　著
文学的阅读	洪子诚　著
中国戏曲	么书仪　著

中国史学入门	顾颉刚　著　何启君　整理
秦汉的方士与儒生	顾颉刚　著
三国史话	吕思勉　著
史学要论	李大钊　著
中国近代史	蒋廷黻　著
民族与古代中国史	傅斯年　著
五谷史话	万国鼎　著　徐定懿　编
民族文话	郑振铎　著
史料与史学	翦伯赞　著
唐代社会概略	黄现璠　著
清史简述	郑天挺　著
两汉社会生活概述	谢国桢　著
中国文化与中国的兵	雷海宗　著
两宋史纲	张荫麟　著
明史简述	吴　晗　著
北宋政治改革家王安石	邓广铭　著
从紫禁城到故宫——营建、艺术、史事	单士元　著
史学遗产六讲	白寿彝　著

司马迁之人格与风格	李长之　著
司马迁	季镇淮　著
唐王朝的崛起与兴盛	汪　篯　著
二千年间	胡　绳　著
论三国人物	方诗铭　著
考古发现与中西文化交流	宿　白　著
中国古代国家的历史特征	张传玺　著
艺术、神话与祭祀	张光直　著 刘　静　乌鲁木加甫　译
中国古代衣食住行	许嘉璐　著
中国古代史学十讲	瞿林东　著

黄宾虹论画	黄宾虹　著
中国绘画史	陈师曾　著
和青年朋友谈书法	沈尹默　著
中国画法研究	吕凤子　著
桥梁史话	茅以升　著
中国戏剧史讲座	周贻白　著
俞平伯说昆曲	俞平伯　著　陈　均　编

新建筑与流派　　童寯　著

论园　　童寯　著

拙匠随笔　　梁思成　著　林洙　编

中国建筑艺术　　梁思成　著　林洙　编

沈从文讲文物　　沈从文　著　王风　编

中国画的艺术　　徐悲鸿　著　马小起　编

中国绘画史纲　　傅抱石　著

中国舞蹈史话　　常任侠　著

海上丝路与文化交流　　常任侠　著

世界美术名作二十讲　　傅雷　著

中国画论体系及其批评　　李长之　著

金石书画漫谈　　启功　著　赵仁珪　编

吞山怀谷

——中国山水园林的艺术　　汪菊渊　著

中国古代音乐与舞蹈　　阴法鲁　著　刘玉才　编

梓翁说园　　陈从周　著

旧戏新谈　　黄裳　著

民间年画十五讲　　王树村　著　姜彦文　编

民间美术与民俗　　王树村　著　姜彦文　编

长城史话	罗哲文　著
中国古园林概说	罗哲文　著
现代建筑奠基人	罗小未　著
世界桥梁趣谈	唐寰澄　著
如何欣赏一座桥	唐寰澄　著
桥梁的故事	唐寰澄　著
园林的意境	周维权　著
万方安和 ——皇家园林的故事	周维权　著
现代建筑的故事	吴焕加　著
中国古代建筑概说	傅熹年　著

国学救亡讲演录	章太炎　著　蒙　木　编
简易哲学纲要	蔡元培　著
大学教育	蔡元培　著 北大元培学院　编
老子、孔子、墨子及其学派	梁启超　著
中国政治思想史	吕思勉　著
天道与人文	竺可桢　著　施爱东　编

春秋战国思想史话	嵇文甫　著	
晚明思想史论	嵇文甫　著	
新人生论	冯友兰　著	
中国哲学与未来世界哲学	冯友兰　著	
谈美书简	朱光潜　著	
中国古代心理学思想	潘　菽　著	
民俗与迷信	江绍原　著	陈泳超　整理
佛教基本知识	周叔迦　著	
儒学述要	罗　庸　著	杜志勇　整理
希腊漫话	罗念生　著	
佛教常识答问	赵朴初　著	
大一统与儒家思想	杨向奎　著	
孔子的故事	李长之　著	
西洋哲学史	李长之　著	
乡土中国	费孝通　著	
社会调查自白	费孝通　著	
经学常谈	屈守元　著	
墨子与墨家	任继愈　著	
汉化佛教与佛寺	白化文　著	
中西之交	陈乐民　著	

出版说明

“大家小书”多是一代大家的经典著作，在还属于手抄的著述年代里，每个字都是经过作者精琢细磨之后所拣选的。为尊重作者写作习惯和遣词风格、尊重语言文字自身发展流变的规律，为读者提供一个可靠的版本，“大家小书”对于已经经典化的作品不进行现代汉语的规范化处理。

提请读者特别注意。

北京出版社